CW01665797

Met dank aan Peter Aernoudts, Stefanie Becu, Crown Helicopters bvba, Frank Descheemaeker, Erik Ghyselbrecht, Danny Lannoy, Koen Maréchal, Omer Rappé, Jan Seys, Rita Teerlinck, Dirk Van Craeynest, Kristien Van Horebeke, Roland Van Nieuwenhuyse, Jean Vandepitte, Marleen Vandewalle, Wilfried Vansteenkiste, Rudi Vantorre, Maxim Willems, Siska Willems

NEDERLANDSE
KINDERJURY
2005

Kris Struyf
Knokke-Heist natuurlijk
© 2004 Uitgeverij Clavis, Hasselt – Amsterdam
Illustraties: Marijke Meersman
© Foto's: Misjel Decleer
Trefw.: zee, strand, duinen
NUR 210 – 223
ISBN 90 448 0287 9 – D/2004/4124/112
Alle rechten voorbehouden.

www.clavis.be

Kris Struyf

Knokke-Heist natuurlijk

met illustraties van **Marijke Meersman**
en foto's van **Misjel Decleer**

Clavis

de gemeenteraad anno 2004:

Graaf Leopold LIPPENS, Maxim WILLEMS, Ingrid REUBENS, Daniel DE VLAMYNCK, Danny LANNOY, Hugo DE PLECKER, Luc LIERMAN, Daniël DESPIEGELAERE, Joseph DE GROOTE, Piet DENORME, Gilbert DE GROOTE, Jean VANDEPITTE, Hélène MONBALIU, Ronny DHONDT, Kathleen VAN DER HOOFT, Peter BUYTAERT, An DE GROOTE – DESUTTER, Walter DECEUNINCK, Gustaaf DUJARDIN, Anne VERVARCKE-PATTYN, Frank DE SMET, Paul GEERINCKX, Simonne OBRENO, Annie VANDENBUSSCHE, Linda NAESSENS, Myriam VERVAET-SMETS, Frank NAERT, Anne BOSSCHAERTS, Stefaan VAN DE WAL, Leo DE WAELE, Marianne ROMBOUT, Marc VERHAEGHE

Beste lezer

Als kind nam mijn vader, een fervent ornitholoog en natuurliefhebber, mij heel vaak mee op ontdekking in de duinen, het Zwin en de polders. Zo leerde ik genieten van de allermooiste, maar vaak verborgen plekjes in de natuur.

Knokke-Heist heeft altijd grote inspanningen geleverd om natuur en toeristische recreatie in evenwicht te houden. Dit diepe respect voor milieu en natuur heeft ervoor gezorgd dat inwoners en talrijke bezoekers ook in deze eenentwintigste eeuw nog kunnen genieten van ongerepte landschappen.

Met deze uitgave lichten we een tipje van de sluier op van wat dit meest oostelijk gelegen puntje aan de Belgische kust zoal te bieden heeft op het vlak van natuur. Dit boek neemt je in vogelvlucht mee door onze unieke kustgemeente. We nemen onze aanloop aan de kustlijn, vliegen over het stadsgebied en strijken neer in de landelijke zone. Met veel afbeeldingen en korte teksten leggen we uit welke natuurwaarde er in de besproken sites te vinden is.

Onze bedoeling was niet om alles tot in de fijnste details uit te pluizen en een allesomvattend naslagwerk af te leveren. Het leek ons veel leuker om een pretentieloos, maar overzichtelijk en gevarieerd boek vol interessante weetjes aan te bieden. Het geeft een globaal overzicht van de natuurlijke plekjes in Knokke-Heist en nodigt de lezer uit om er steeds weer naar toe te komen en van te genieten.

Veel leesplezier!

Graaf Leopold Lippens

Inhoudstafel

De kust

De kustzone omvat de zee, het strand en de duinen. Het is een erg populair gebied en in de zomer is het er dan ook heel druk. Je ziet er kinderen, wandelaars, sportlui, zonnebaders, zwemmers, natuurliefhebbers ... Zoveel mensen immers voelen zich om een of andere reden bijzonder aangetrokken door die immense zee.

De kustzone van Knokke-Heist is wel twaalf kilometer lang. Ze bestaat uit brede stranden, een grote strook duinen en enkele bijzondere natuurgebieden, zoals het Zwin. Op het eerste gezicht lijken de zee, het strand en de duinen maar weinig leven te bevatten. Buiten wat meeuwen, een verdwaalde hond, een groepje paarden, een bosje gras, zie je er immers alleen veel water en zand. En toch, als je goed kijkt, verraden allerlei sporen de aanwezigheid van een rijk, maar verborgen leven. Eigenlijk is het een wereldje vol boeiende wezens die leven op het ritme van getij en wind ...

De zee

Zeedieren

Klein, maar bijzonder talrijk: plankton

De zee is veel meer dan een enorme massa zout water. Ze bruist van het leven. Je vindt er niet alleen vissen, schelpdieren, kwallen, krabben en kreeften, maar ook onvoorstelbaar veel kleine diertjes en plantjes die in het zeewater meedrijven en die we alleen onder een microscoop kunnen ontdekken. Alle planten en dieren die zich laten meedrijven met de zeestromingen noemen we plankton. Tot het dierlijke plankton behoren veel larven van dieren die we als volwassen exemplaren beter kennen, zoals krabben en zeepokken. Maar er zijn ook vele andere beestjes die hun hele leven als minuscule organismen in zee doorbrengen.

Een bekende groep ééncellige wieren zijn de kiezelwieren of diatomeeën. Hun celwand is een prachtig gebouwd pantsertje. Het bestaat uit een potje en een dekseltje en bevat hard kiezelzuur. Als kiezelwieren afsterven, zinken de harde pantsertjes naar de bodem van de zee. Zo zijn veel kiezelwieren als fossiel bewaard gebleven.

Zeevonk doet de zee oplichten

Zeevonk is een ééncellig diertje, een minuscuul bolletje van een halve millimeter groot. In de warme maanden kunnen zeevonkjes in enorme aantallen in het kustwater te vinden zijn. Soms kun je dan vrij grote oranje vlekken in het zeewater zien. Die bestaan uit vele duizenden zeevonkjes die zich in het warme kustwater massaal hebben vermenigvuldigd en die zich als één grote stroom laten meedrijven. In zuurstofrijk zeewater – daar waar de zee woelig is – zoals in de branding, zorgen deze diertjes 's nachts voor een spectaculair verschijnsel: ze laten de zee oplichten! Door zuurstof in het water ontstaat er een scheikundige reactie in de zeevonk waardoor het diertje even een groenachtig licht uitstraalt dat dan langzaam weer uitdooft. Daar waar veel zeevonkjes aanwezig zijn, kunnen de schuimkoppen van de branding feeëriek groen oplichten. Ook in de golfjes die op het strand vloeien, zijn dan veel felgroene lichtpuntjes te zien. Zelfs iedere voetstap die je op het natte zand zet, licht op.

een greep uit de vangst van een kruier

Kruiers onthullen het bonte zeeleven op het strand

Kruiers slepen op eigen kracht, in de ondiepe zone voorbij de branding, een breed, trechtervormig net achter zich aan. Ze lopen enkele honderden meters langs de waterlijn heen en weer, en komen dan op het natte strand hun vangst controleren. Die is vooral in het zomerhalfjaar, van april tot oktober, heel gevarieerd: een bonte verzameling kleinere dieren die op de zeebodem of net erboven actief zijn. Zo haalt de kruier garnalen, platvisjes, spiering, sprot en krabben uit het net te voorschijn. Hij neemt alleen de grotere exemplaren mee, de rest gaat terug in zee.

De roze garnaal is eigenlijk grijs

Garnalen zijn minikreeftjes. Hun kleur is perfect aangepast aan de zandige ondergrond waarop ze zich stil houden. Ze zijn vooral 's nachts actief en kunnen heel snel zwemmen, terwijl ze op zoek gaan naar kleine wormen,

heremietkreeft in huisje van wulk

slakken en wieren. Bij eb laten ze zich meedrijven naar de open zee, bij vloed komen ze terug naar de kust. Het vrouwtje legt twee à drie keer per jaar tot tienduizend eitjes en draagt die gedurende twee maanden onder haar achterlijf met zich mee. Als de garnalen gekookt worden, komt er door de hoge temperatuur een chemische stof vrij, die de garnalen rood kleurt.

Platvissen hebben hun naam niet gestolen

De **tong** en de **schol** zijn, samen met enkele andere vissoorten, zo opvallend plat van bouw dat ze **platvissen** worden genoemd. Ze brengen de meeste tijd liggend op de bodem door. Voor ze gaan liggen, waaieren ze met hun vinnen wat zand over hun lichaam, zodat ze perfect gecamoufleerd zijn. Hun ogen steken nog net boven het zand uit en zo wachten ze tot er een nietsvermoedend visje, een garnaal of een andere prooi aankomt. Met een plotselinge uitval in een wolk van opdwarrelend zand verrassen ze hun prooi en slokken die op.

In hun eerste levensweken hebben platvissen net als andere vissen een symmetrische vorm en een zwemblaas. Maar zodra ze ongeveer 1 cm groot zijn, wordt hun lijf aan de zijkanten platter. Omdat de schedel aan de ene zijde sterker groeit dan aan de andere, schuift het linkeroog op naar de rechterkant. De jonge platvissen gaan almaar vaker op hun zijkant liggen en schakelen geleidelijk over van een zwemmend naar een liggend bestaan, waarbij hun zwemblaas langzaam verdwijnt.

De heremietkreeft zit niet met zijn achterwerk verlegen

In tegenstelling tot andere krabben en kreeften, zit de heremietkreeft niet volledig in een hard beschermend pantser. Zijn achterlijf is week en kwetsbaar. Maar hij lost dat probleem op een eenvoudige en doeltreffende manier op: hij stopt zijn achterlijf in een leeg slakkenhuis. Daar zit het immers ook goed beschermd. Natuurlijk moet hij die schelp dan wel de hele tijd met zich meeslepen.

Soms vind je op het strand lege slakkenhuizen die onderaan mooi glad zijn afgeschuurd. Je kunt er dan op aan dat daar een heremietkreeft in heeft gewoond.

Als het slakkenhuis te klein wordt, zoekt de heremietkreeft een groter formaatje op. Het moment waarop hij van het ene huis naar het andere verhuist, is wel heel riskant, want er zijn altijd wel vissen of andere rovers in de buurt die zo'n lekker onbeschermd kreeftenhapje lusten ...

Vogels

Over vogels met oorpluimen en kwakende en fluitende eenden

Als je op het strand wandelt op een rustige dag, kun je een eindje verder op zee vogels zien dobberen op het water. Vaak zijn het meeuwen, maar het kunnen ook watervogels zijn, zoals wilde eenden, smienten of futen. Vooral 's winters komen die in grote aantallen naar de kustwateren om er voedsel te zoeken of om uit te rusten.

De **fuut** ruilt zijn mooie broedkleed met de typische 'oorpluimen' in de winter voor een vrij onopvallend verderkleed. De **wilde eenden** en **smienten** daarentegen zijn dan alweer prachtig getooid: de mannetjes in hevige kleuren, de vrouwtjes in meer bescheiden tinten. Die mogen in de lente immers niet opvallen als ze tussen het gras hun eieren veilig uit willen broeden.

Anders dan de wilde eend met zijn bekende gekwaak, maakt de smient een meer fluitend geluid. Vandaar zijn Franse naam **canard siffleur.**

De mannetjes zijn in hun broedkleed heel duidelijk herkenbaar. Ze hebben een kastanjebruine kop met een gele kruin.

Wilde eenden en smienten pleisteren 's winters ook vaak op de plassen van het Zwin, maar bij hevige kou of als ze worden verstoord, trekken ze zich soms ver op zee terug.

Meeuwen, piraten onder de vogels

Meeuwen zijn de bekendste vogels aan zee. Je ziet ze er dan ook het hele jaar door. Als het kalm is op het strand, verzamelen ze zich in grote groepen om er te rusten of om langs de waterlijn voedsel te zoeken. En als het overdag druk is, zie je ze in kleinere groepjes hoog in de lucht drijven op de wind. Ze scheren rakelings langs de appartementsgebouwen op de dijk of proberen bij te sturen om ter plaatse in de lucht te blijven hangen.

Meeuwen houden de dijk en het strand voortdurend in de gaten. Als ze wat eetbaars hebben gezien en er even geen mens of hond in de buurt is, gaan ze er snel met een gedurfde duikvlucht op af. Maar de meeuw die het lekkers het eerst heeft te pakken, is niet altijd diegene die het ook opeet. Meeuwen kunnen elkaar ongenadig achterna zitten. Vaak eindigt de achtervolging pas als de ongelukkige vogel zijn vondst laat vallen en zijn kwelgeest ermee vandoor kan gaan.

Niet vies van afval

Meeuwen zijn alleseters. Ze zijn niet vies van aas of van allerlei afval en schuimen er zelfs stortplaatsen voor af.

Het talrijkst aan de kust zijn de **zilvermeeuwen**. Grote kolonies zilvermeeuwen broeden in de haven van Zeebrugge. Deze meeuwensoort heeft zich goed aangepast aan de mens en probeert alles wat eetbaar is te pakken te krijgen. Met hun sterke snavel gaan de zilvermeeuwen zelfs vuilniszakken te lijf en ze zorgen dan ook voor heel wat overlast.

Grote en kleine **mantelmeeuwen** zie je vooral 's winters. Ze komen immers van meer noordelijk gelegen broedplaatsen.

Kokmeeuwen zijn kleiner en slanker gebouwd dan hun neven en nichten. In de lente en de zomer hebben ze een opvallend bruin kopje, in de winter blijft daar alleen het zogenaamde koptelefoontje van over.

Om de schade veroorzaakt door meeuwen zo veel mogelijk te beperken, is het aan de kust verboden om ze te voeren!

Onvermoeibare steltlopertjes

Drieteenstrandlopers zijn kleine waadvogels die in de winter in groepjes langs de kust zwerven. Door hun typische uiterlijk, maar vooral ook door hun gedrag, kun je je niet vergissen. Ze zijn voortdurend druk in de weer om voedsel te zoeken en doen dat op een heel eigen manier. Heel geconcentreerd lopen ze met snelle pasjes langs de waterlijn heen en weer en pikken er elk eetbaar hapje op. Het is een komisch en tegelijk ook een erg mooi schouwspel. Al waai je zelf bijna uit je dikke winterkleren, de drieteentjes gaan onvermoeibaar door met het verzamelen van hun dagelijkse kost.

mantelmeeuw

drieteenstrandlopers langs de waterlijn

Getij en weer

Voor eeuwig en altijd: het getij

Wat zou de zee zijn zonder getij? Kinderen zouden hun zandkastelen niet langer tegen het opkomende water hoeven te verdedigen. Er zouden amper schelpen en andere schatten op het strand te vinden zijn. Er zou geen afwisseling zijn tussen het weidse natte strand bij laagwater en het overvolle droge strand bij hoogwater ...

Zoals de golven in de branding elke dag weer tekeergaan, zo bepalen ook eb en vloed het ritme van de zee. Een o zo vertrouwd ritme. Een cadans die er altijd is en er altijd zal zijn.

Even de koffie 'walsen' in je kopje en je weet hoe het getij ontstaat

De getijden vormen een golfbeweging die door alle oceanen en zeeën heen loopt. De zwaartekracht van de maan trekt de watermantel om de aarde naar zich toe. Omdat de maan dichter bij de aarde staat dan de zon is haar aantrekkingskracht groter. Zo ontstaat op aarde hoogwater aan die kant waar de maan staat. Maar aan de andere kant is het óók hoogwater ... Hoe kan dat nu?

Je kunt het vergelijken met de walsende beweging die je met een kopje koffie maakt om de inhoud nog even om te roeren voor je de laatste slok opdrinkt. Met zo'n beweging van de aarde ontstaat het hoogwater ook aan de tegenovergestelde kant van de maan. En omdat de aarde voortdurend ronddraait, schuift het hoogwater ook voortdurend van plaats op. Tussen de zones met hoogwater in, heb je laagwater. Daarom krijg je ook aan onze kust tweemaal per dag hoog- en laagwater.

De zon is veel zwaarder dan de maan, maar is veel verder van ons verwijderd. Ze oefent dus minder aantrekkingskracht uit op de aarde, maar heeft toch ook wel invloed. Als de zon, de aarde en de maan bijvoorbeeld op één lijn staan, versterkt de aantrekkingskracht van de zon die van de maan. Dan is het **springtij** en heb je extreem hoogwater en extreem laagwater.

Een ander vreemd fenomeen is **doodtij**: als de zon en de maan in een rechte hoek staan tegenover de aarde, dan heft de aantrekkingskracht van de zon die van de maan op. Dan heb je bijna geen eb en vloed.

Is het weer aan de kust altijd beter dan in het binnenland?

Veel mensen aan de kust beweren dat het weer er vaak beter is dan in het binnenland. Maar is dat wel zo?

Minder regen

In elk geval regent het in de lente en de zomer aan de kust minder dan in het binnenland. Stapelwolken en buien ontstaan immers door warme en vochtige lucht. En omdat het zeewater trager opwarmt dan het landoppervlak, vormen zich minder stapelwolken boven de zee dan in het binnenland en is het er 's zomers koeler.

Als er aanlandige wind is – wind die vanuit de zee naar het land waait – zie je dat de stapelwolken zich pas enkele kilometers voorbij de kust boven het binnenland vormen. Maar natuurlijk zijn er vaak meer weerelementen in het spel en is het ook aan zee wel eens slecht weer in de zomer.

Het omgekeerde fenomeen doet zich in het najaar voor. Omdat het zeewater na de zomer trager afkoelt dan het landoppervlak, is het in oktober en november aan de kust nog vaak warmer dan in het binnenland. In die periode vormen

het strand bij laagwater

dezelfde plek bij hoogwater

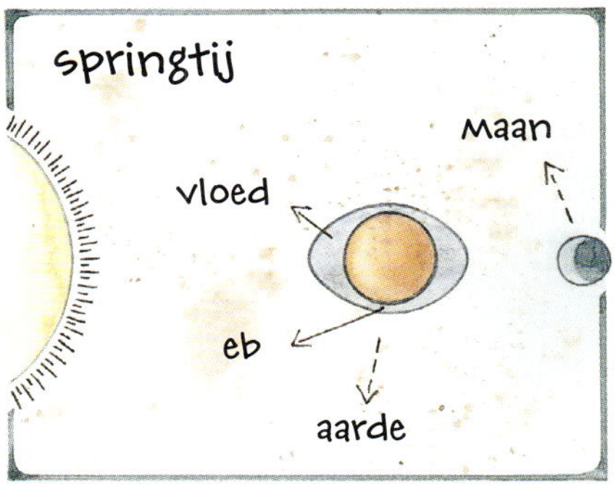

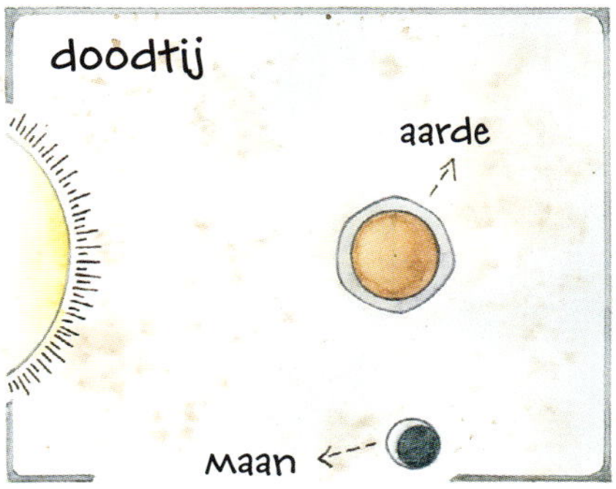

zich makkelijker wolken aan de kust en is de kans op buien er groter dan in het binnenland. In de loop van de winter koelt het zeewater verder af en vermindert de kans op buien weer.

Aan de oostkust regent het meer dan aan de westkust

's Winters worden boven de koude landmassa van Engeland weinig wolken gevormd. Als die luchtmassa door een noordwestenwind naar onze kust wordt gedreven, is de afstand over zee naar De Panne aan de westkust korter dan naar Knokke-Heist aan de oostkust. Hoe groter de afstand boven de zee, hoe meer vocht de lucht kan opnemen. De oostkust krijgt daardoor aanvoer van meer vochtige lucht, omdat die een grotere afstand boven de zee heeft afgelegd. En meer vochtige lucht betekent meer regen.

Meer zon

Over het algemeen vormen zich minder wolken aan de kust dan in het binnenland. Daardoor heeft de kust veel meer uren zon dan het binnenland. Maar het verzachtende effect van de zee zorgt er dan weer voor dat de gemiddelde zomertemperatuur aan zee lager is dan die in het binnenland.

Meer wind

En dat het aan zee hard kan waaien, weet iedereen. Dat komt vooral door het temperatuurverschil tussen het zeewater en het land én natuurlijk ook doordat het landschap aan zee zo open is.

Het zandstrand

Planten

Hoe miniduintjes ontstaan

Constructies als de strekdammen van de haven van Zeebrugge of tegengestelde stromingen, zoals in de monding van de Westerschelde ter hoogte van het Zwin, remmen de zeestromingen sterk af. Zand dat elders van de kust is afgeknabbeld en door de zee werd meegevoerd zal op die plaatsen bezinken. Zo groeit het strand aan in de Baai van Heist en aan de Zwingeul.

Op het drooggevallen strand voert de wind zandkorrels mee. Waar de wind achter kleine obstakels afneemt – zoals achter schelpen en stokjes – vallen de zandkorrels neer. Dat is een soort duinvorming in miniatuur. Op hoger gelegen plaatsen blijven dan allerlei aanspoelsels liggen, die een basis vormen voor het ontstaan van echte duintjes. Verschillende planten helpen daarbij.

Biestarwegras, de pionier

De plantensoort die zich als allereerste op de kleine zandhoopjes vestigt, is het biestarwegras. Dit gras schiet gemakkelijk wortel en helpt het laagje zand vast te leggen. Om te overleven maakt het gebruik van regenwater en van de voedingsstoffen die met het zand zijn meegebracht. Biestarwegras is tegen te felle uitdroging beschermd door een fijn laagje was op de bovenkant van de bladsprieten en fijne haartjes op de onderkant. Die haartjes houden een dun luchtlaagje vast, zodat daar maar heel weinig water verdampt.

Zeeraket en loogkruid, de kolonisten van het vloedmerk

Andere planten, zoals de vetplantachtige zeeraket en het stekelige loogkruid, vestigen zich op het vloedmerk – dat is de verzameling aanspoelsels aan de vloedlijn. Ze vinden er in het organische afval voldoende bouwstoffen om te kunnen wortelen. Deze planten geven vaak in lange linten aan waar het dikke pakket van plantaardig en dierlijk materiaal onder opgewaaid zand terecht is gekomen. Het zijn ook mooie voorbeelden van hoe planten zich in die extreme omstandigheden op het strand tegen uitdroging wapenen. Zeeraket bijvoorbeeld slaat in zijn vlezig gebouwde plantendelen water op. En loogkruid verliest maar weinig water omdat de blaadjes heel smal zijn en daardoor een heel gering verdampingsoppervlak hebben.

Het loogkruid is een plant die zijn zaden in de herfst op een merkwaardige manier verspreid. Hij sterft dan af en komt los van zijn wortel. Daarna rolt hij, voortgejaagd door de wind, over de duinhellingen en strooit zo de rijpe zaadjes over een groot gebied uit.

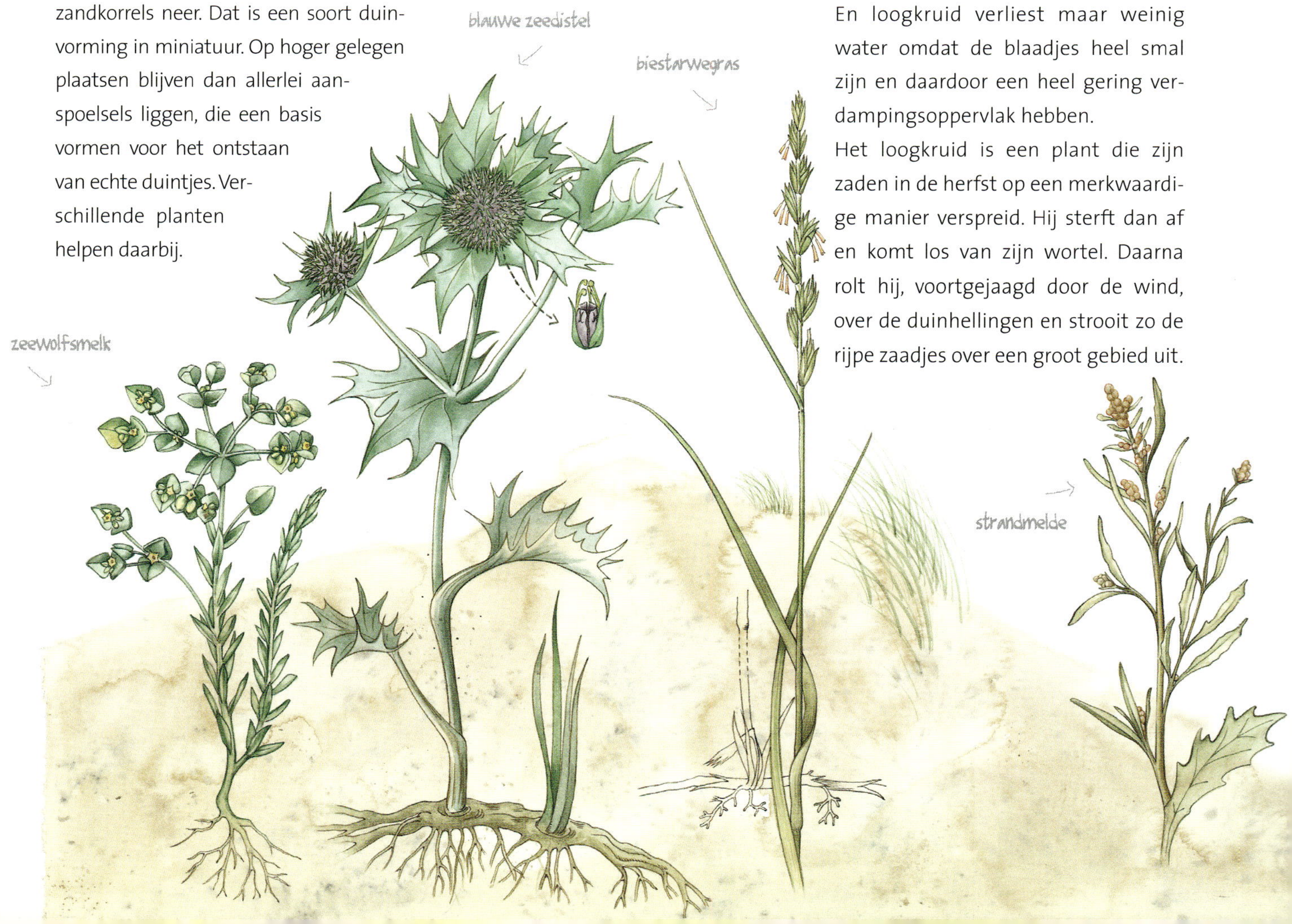

zeepostelеinvruchtjes drijven en worden zo met het zeewater verspreid

Zeepostelein, plantje met gedrongen bouw

Zeepostelein is een plantje met kleine witte bloemen, dat laag bij de grond groeit en een heel gedrongen bouw heeft. De talrijke kleine blaadjes staan kruisgewijs rond de stengel ingeplant. Zeepostelein groeit op resten van oude vloedmerken waar geen zand of ander materiaal meer wordt afgezet.

Strandmelde, spiesbladmelde en reukloze kamille

Daar waar plantenmateriaal, afkomstig van wieren en grassen, aan de duinvoet of langs oude dijkjes bijeen is gewaaid tot een dik pak 'strandhooi', vestigen zich vooral planten als strandmelde, spiesbladmelde en reukloze kamille. Die planten vind je bijvoorbeeld langs het wandeldijkje door het Zwin. Daar zijn ook enkele groeiplaatsen te vinden van strandbiet, de stamhouder van de gekweekte suikerbiet.

Helmgras, de echte zandbinder

De meeste vloedmerkplanten zijn eenjarig. Dat betekent dat ze in één jaar tijd uit zaad opgroeien, bloeien en zelf zaad vormen. 's Winters sterven ze volledig af. Ze dragen dus maar weinig bij tot de vorming van het duin.

Maar daar waar de eerste duintjes door het biestarwegras zo hoog konden worden dat er een beetje zoet water in kon blijven zitten, neemt een andere grassoort de rol van 'zandbinder' over: het helmgras. Dat gras zorgt met zijn sterk vertakte en diepgaande wortelstelsel en zijn dichte bossen stengels en bladeren voor de verdere groei en versterking van het duin. Deze plant is erg goed aan de extreme omstandigheden aangepast. Bij droog weer rollen de bladeren zich in de lengte op, zodat alleen de waterdichte onderkant aan de droge lucht blootstaat en de plant een minimum aan vocht verliest.

Blauwe zeedistel, een kleurrijke verschijning

Ook zandhaver helpt bij de duinvorming. Aan de lijzijde, de kant uit de wind, krijgt die het gezelschap van een hele reeks andere planten, zoals blauwe zeedistel en zeewolfsmelk. De blauwe zeedistel is waarschijnlijk de bekendste uit het rijtje. Het is een fraaie schermbloemige die erg geliefd is bij dagvlinders, zoals de kleine parelmoervlinder en de dagpauwoog. Vroeger plukten mensen zeedistels voor droogbloemboeketten, waardoor deze mooie duinplant bijna helemaal verdwenen was. Maar sinds hij bij wet wordt beschermd, gaat het weer beter met hem.

blauwe zeedistel

Wat is een vloedmerk?

Dat is het lange spoor van aangespoelde schelpen, wieren en andere zeerestjes die je op de vloedlijn kunt vinden. Die lijn geeft duidelijk aan waar de zee het verst op het strand is gekomen toen het vloed was. Het vloedmerk loopt evenwijdig met de kustlijn en bestaat dus voor een groot deel uit plantaardig en dierlijk afval. Maar natuurlijk zit daar ook wel eens ander afval tussen en veel mensen vinden het maar een vuile boel. Daarom wordt het vloedmerk op de meeste stranden in de vroege ochtend mechanisch verwijderd met een grote zeef die achter een tractor wordt gesleept.

kokkel met uitgestoken sifons

Dieren

Bij vloed kun je duidelijk zien hoe het opkomende water allerlei spulletjes steeds verder en verder het strand opduwt: stukjes wier, kleine bladeren en takjes, schelpjes, zeeschuim, lege skeletjes van zee-egels, maar ook allerlei afval ... Als de zee bij eb terugtrekt, ligt dat alles verspreid over het strand. De meest opvallende sporen van leven in zee zijn de ontelbare schelpen in vele maten, vormen en kleuren.

Een week lijfje in een stevige schelp

In zee leven miljoenen schelpdieren. Ze behoren tot de weekdieren. Hun zachte, weke lichaam zit veilig beschermd in een schelp die uit twee kleppen bestaat, vandaar de naam **tweekleppigen.** De schelp groeit gewoon mee met het dier.
Schelpdieren hebben meestal een gespierde 'voet' die uitstulpt en waarmee ze zich in zand en slib kunnen vastzetten of verplaatsen. De meeste tweekleppigen voeden zich met microscopisch kleine plantjes en diertjes die ze uit het water filteren. Ze zijn daarvoor uitgerust met twee buizen of **sifons**. Door de ene sifon zuigen de schelpdieren vers water op. Met hun kieuwen halen ze zuurstof uit het zeewater, terwijl een filtersysteem voedseldeeltjes tegenhoudt en naar de maag brengt. Door de andere sifon wordt het water samen met afvalstoffen weer naar buiten gepompt.

Als het schelpdier doodgaat, komt de schelp na een tijdje los uit het zand en vallen de twee helften uit elkaar. Door de zeestromingen belanden die ten slotte op het strand, samen met vele andere.

Mesheft

Deze heel herkenbare tweekleppige leeft verticaal ingegraven in lange woonbuizen bij de laagwaterlijn. Omdat de twee schelphelften bijna over de volledige lengte aan elkaar vasthangen, blijven ze vaak nog lange tijd na het afsterven aan elkaar vastzitten.

Kokkel

De kokkel of hartschelp leeft net onder het zandoppervlak in de zone tussen eb en vloed. Als hij zich bij laagwater bedreigd voelt, trekt hij de schelp plots dicht, waardoor er een waterstraaltje boven het zand uit spuit.

Zaagje

Zaagjes leven net onder het zand aan de laagwaterlijn. Als het tij opkomt, verlaten ze hun schuilplaats en laten ze zich met de stroming meevoeren op het ondergelopen strand. Als het water wegtrekt, kruipen ze met hun voetje terug in hun schuilplaats bij de laagwaterlijn. Zaagjes danken hun naam aan de scherp gezaagde onderrand van hun schelp.

zaagje

mesheft

Hoe een tandpastahoopje een worm kan verraden ...

Op het strand zijn er nog andere sporen die de aanwezigheid van verborgen leven verraden. Denk maar aan de typische 'tandpastahoopjes' van zand. Deze hoopjes van de **zeepier** zijn bekender dan de worm zelf, want die laat zich zelden of nooit zien. De zeepieren, die wel 25 cm lang kunnen worden, leven diep in het zand in een zelf gegraven U-vormige woonbuis. De uiteinden van die woonbuis kun je op het strand duidelijk terugvinden. De ene kant zit daar waar het hoopje ligt en de andere vind je 10 tot 15 cm daarvandaan: het is een klein gaatje in het centrum van een ondiep kuiltje.

Door regelmatige, samentrekkende bewegingen pompt de zeepier water van bij de trechtervormige ingang van zijn woonbuis naar de uitgang. Intussen haalt hij er zuurstof en voedsel uit, zoals bacteriën en ééncellige wiertjes. Wat hij niet kan verteren, scheidt hij aan de uitgang van zijn woonbuis uit in de vorm van zo'n tandpastahoopje. Daarvoor kruipt hij achterwaarts in de U-vormige woonbuis omhoog tot hij met zijn uiteinde bij de uitgang komt.

Sporen uit een héél ver verleden: haaien- en roggentanden

Met een beetje geluk kun je na een hevige storm met oostenwind op het strand voor het Zwin fossielen vinden, zoals haaien- en roggentanden. Dat zijn sporen uit een héél ver verleden, wel veertig tot vijftig miljoen jaar geleden. Door het uitschurende effect van de Westerschelde komen lagen met heel oude zeeafzettingen bloot te liggen. Zo komen deze fossielen vrij en spoelen ze aan op het strand.

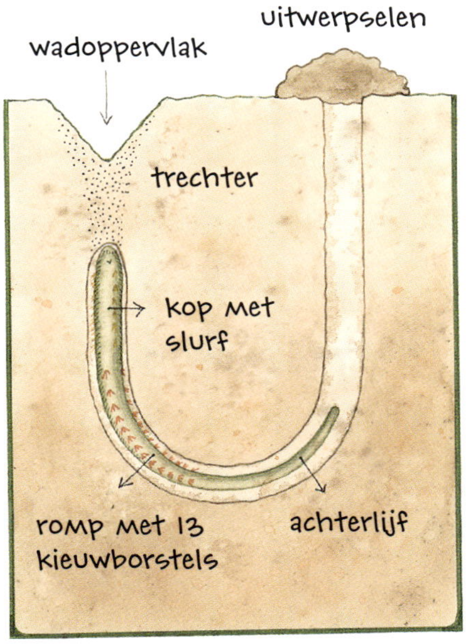

doorsnede van de woonbuis van een zeepier

fossiele tanden van een rog en een haai

Kwallen zijn ook planktondieren

Hoewel kwallen vrij groot zijn, behoren ze toch tot het plankton. Door het samentrekken van hun klokvormige lichaam kunnen ze zich weliswaar zwemmend verplaatsen, maar hun bewegingen zijn te zwak om tegen de zeestromingen op te kunnen. Ze moeten zich dus net als microscopische planktonorganismen laten meedrijven.

Een kwal is een waterig geval

Een kwal zit heel eenvoudig in elkaar. Als ze is aangespoeld, ziet ze er vies en glibberig uit. Dat komt omdat ze voor meer dan 95 procent uit water bestaat. Het lichaam van een kwal is een afgeplatte, holle halve bol of 'hoed'. Op de rand onderaan zitten tentakels met netelcellen erop. In het midden zit een mondbuis, waaraan vier mondarmen vastzitten. De mondbuis geeft toegang tot de lichaamsholte, de maag van het dier.

Als kleine diertjes en visjes tegen de netelcellen stoten, schieten er microscopisch kleine buisjes uit, met aan het eind een scherpe punt. De prooi wordt door zo'n 'pijltje' verlamd met een gif. De kwal brengt de vangst via de mondopening in de maag.

Over gewone en andere kwallen

Van april tot november spoelen er aan onze kust kwallen aan. In de lente zijn het **oorkwallen**. Die kun je herkennen aan de vier witte of roze oorvormige geslachtsklieren die in het centrum van de hoed doorschemeren. Deze kwallen zijn totaal ongevaarlijk voor mensen, in tegenstelling tot de **blauwe haarkwal** die iets later, in juni, aanspoelt, en de wat geler of roder gekleurde **gele haarkwal** die je eind juli kunt vinden. Beide soorten hebben veel netelcellen en als je ze aanraakt, veroorzaken ze sterke irritaties en pijn op je huid.

In augustus spoelt de **kompaskwal** op onze stranden aan.

Die fraaie kwal dankt haar naam aan de typische bruine 'windroos'-tekening. Het is een planktoneter die ongevaarlijk is voor de mens. Hetzelfde geldt voor de **blauwe zeepaddestoel**, die dan weer in het najaar soms massaal op het strand terechtkomt. Deze groenblauw gekleurde kwal kan een doorsnede hebben tot een halve meter.

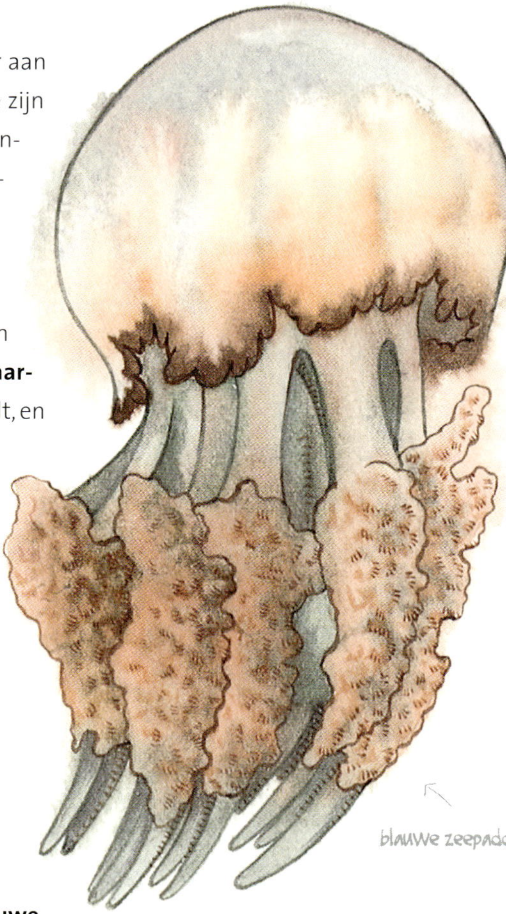

Zeedruifjes

Soms vind je kleine, doorschijnende, geleiachtige bolletjes op het strand, 'zeedruifjes' genoemd. Ze leven van plankton dat blijft kleven aan hun lange, dunne vangarmen die bedekt zijn met kleefcellen. Ze brengen de vangarmen dan naar hun mondholte en likken ze af.

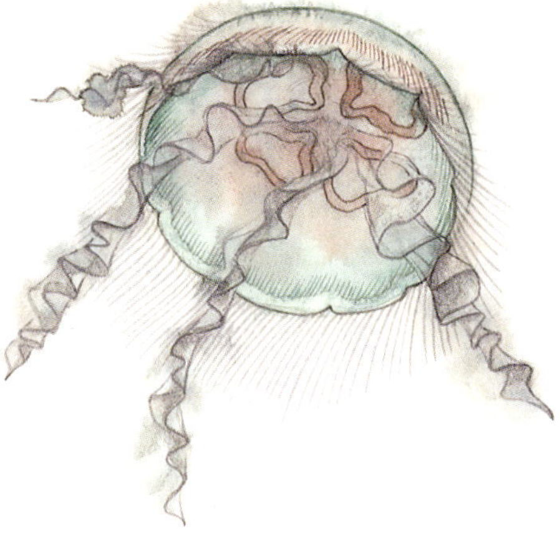

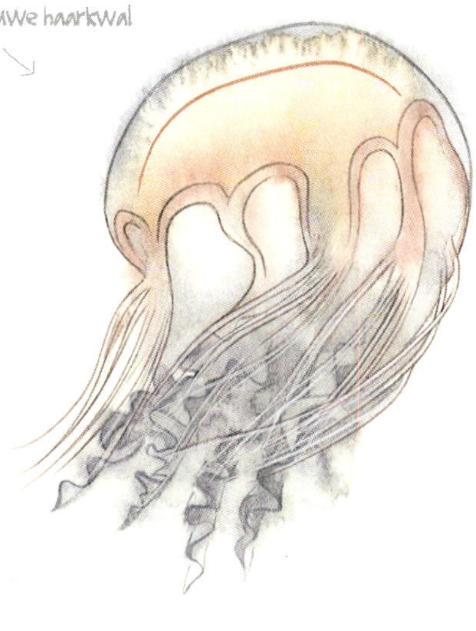

Kuifleeuwerik

De kuifleeuwerik dankt zijn naam aan zijn opvallende kuif. Hij leefde vroeger alleen op steppen en in halfwoestijngebieden. Maar nu voelt hij zich thuis op zandige, droge gronden in heel Noord-West-Europa. In ons land is hij zeldzaam; hij broedt onder andere in de Baai van Heist. Zijn nestje bestaat uit een kommetje in het zand dat hij met wat plantenmateriaal bedekt.
Kuifleeuweriken zijn bijzonder tam en zoeken de nabijheid van mensen op.
Ze fluiten graag en genieten ook van 'stofbaden' in het duinzand. Zo'n stofbad verdrijft de parasieten die tussen hun veren leven. Buiten de broedtijd zwerven kuifleeuweriken in kleine groepjes rond.

Lieveheersbeestjes

Soms zie je honderden lieveheersbeestjes op palen of tussen de aanspoelsels op het strand. Dat zijn lieveheersbeestjes op de trek die met de wind tot aan zee gedreven zijn. Omdat ze niet in zee terecht willen komen, landen ze op de uiterste landgrens, dus op het strand. Ook zweefwespen en dondervliegjes kunnen zo massaal op het strand terechtkomen.

Strandhoofden

Planten

Wieren: een kleurrijk boeket van sterke zeeplanten

Wieren kun je naargelang hun kleur indelen in **groenwieren**, **bruinwieren** en **roodwieren**. Ze hebben een stevige ondergrond nodig waarop ze zich met een hechtschijfje kunnen vestigen. Op een zandbodem lukt dat niet. Daarom vind je ze aan onze kust op palen en strandhoofden. Die zijn soms volledig bedekt met deze zeeplanten. De leefomstandigheden zijn er extreem. Bij vloed staat immers alles onder water, bij eb valt er een hele zone droog. Sommige wieren kunnen het langere tijd boven water uithouden dan andere.

Elk wier heeft zijn lievelingsplekje

Als je een strandhoofd of een strandpaal bij eb goed bekijkt, kun je zien dat de verschillende soorten wieren in duidelijk te onderscheiden horizontale stroken of zones groeien.

Opvallend is de geleidelijke overgang, van boven naar beneden, van groenwieren over bruinwieren naar roodwieren. De plaats waar een wier zich vestigt, hangt namelijk af van twee zaken: de duur van uitdroging waartegen het wier tijdens laag water bestand is en de kleur en de hoeveelheid zonlicht die het wier kunnen bereiken in de periode dat het overspoeld wordt en aan fotosynthese kan doen. Planten maken immers zelf voedsel en dat doen geen andere levende wezens hen na. Water met mineralen nemen ze op via hun wortels en koolzuurgas vangen ze uit de lucht op via heel kleine gaatjes in de bladeren. Al die materialen verwerken ze tot suikers en zuurstof. Daarvoor hebben ze wel veel energie nodig en die krijgen ze door het zonlicht.

Omdat er aan onze kust veel zanddeeltjes in het water rondzweven, neemt de hoeveelheid licht snel af met de diepte. Zonlicht bestaat uit verschillende kleuren en de ene lichtkleur kan dieper in het water doordringen dan de andere. Maar op een bepaalde diepte is het volkomen donker.

Rood licht gaat het minst diep. Het is het licht dat door groenwieren in de bovenste zone wordt gebruikt voor de fotosynthese. Groen licht dringt door tot in de zone tussen eb en vloed. Bruinwieren kunnen met dat licht aan fotosynthese doen. Roodwieren groeien nog dieper omdat ze ook met het blauwachtige licht nog aan fotosynthese kunnen doen.

Het verschil tussen een strandhoofd en een golfbreker?

'Strandhoofden' zijn de lage, stevige dammen dwars over het strand die een heel eind in zee lopen. Ze voorkomen de afslag van zand en de afbraak van het strand.

'Golfbrekers' zijn havenmuren of strekdammen die parallel aan de kust gebouwd zijn om de kracht van de golven te breken en havens te beschermen.

Dieren

alikruikje

Zeeanemoon: mooi en meedogenloos

Bij de eblijn kun je tussen de onderste rotsblokken van strandhoofden zeeanemonen vinden. Deze dieren zijn familie van de kwal. Ze hebben ook een hol lichaam met een tentakelkrans rond een centrale opening die als mond en anus dient. Maar zeeanemonen drijven niet rond. Ze zitten vast op hun rug tegen een harde ondergrond.

Als ze overspoeld zijn, lijkt hun tentakelkrans op een bloeiende bloem. Met langzame bewegingen wiegen ze met de stroming mee, op zoek naar kleine diertjes en visjes. Als een klein diertje in contact komt met de tentakels, raakt het meteen verlamd. Via de mondopening wordt het naar de maagholte gebracht waar de zeeanemoon het verteert.

Als ze gestoord worden, trekken zeeanemonen hun tentakelkrans naar binnen. Zo kunnen ze zich zelfs helemaal in een taaie, slijmerige knop veranderen. In hun lichaamsholte slaan ze een voorraad water op, zodat ze bij eb kunnen overleven.

Alikruikjes 'grazen'

Als je bij laagwater goed kijkt in de spleten en holten tussen de blokken van een strandhoofd, vind je zeker alikruikjes. Het zijn kleine slakjes die zich bij eb stevig vasthechten en hun huisje onderaan afsluiten met een waterdicht, hoornig klepje. Zo drogen ze in die periode niet uit. Zodra ze weer overspoeld worden, kruipen ze terug naar wieren en andere met algen begroeide plaatsen om te gaan 'grazen'. Gewoonlijk is de alikruik een zuivere planteneter, maar soms voedt ze zich ook met zeepokken.

De zeester houdt van een dodelijke omarming

Als je een zeester vastneemt, voelt die erg ruw aan. Dat komt door de stekelvormige kalkafzettingen op de roodoranje bovenkant. Samen met zee-egels, slangsterren, zeekomkommers en zeelelies vormen zeesterren de vrij omvangrijke groep van de **stekelhuidigen**.

zeester trekt mossel open

Al deze dieren hebben een nogal goed ontwikkeld kalkskelet én een 'vijfstralige symmetrie'. Zo heeft de zeester rond haar centrale ronde lichaam vijf armen. Aan de onderkant van elke arm zitten een paar honderd 'schijnvoetjes'. Dat zijn kleine zuignapjes die bij het lopen als een soort ministelten dienst doen. De zuignapjes gebruikt de zeester ook om haar favoriete voedsel, mosselen, open te trekken. Daarvoor zuigt ze zich met haar schijnvoetjes aan beide helften van de mossel vast en oefent een constante trekkracht uit op de mosselschelp, tot de sluitspieren het begeven. Daarna stulpt de zeester haar maag door haar mond naar buiten en stopt ze die in de mossel. Die wordt ter plaatse verteerd en als een brij in de maag opgezogen. Ten slotte trekt de zeester haar maag mét inhoud weer naar binnen.

paardenanemoon

een dichtbevolkte mosselbank

Mosselen: levende zeewaterfilters

Andere bekende vastzittende dieren zijn mosselen. Deze tweekleppigen scheiden met speciale klieren taaie eiwitten af, die bruine baard- of byssusdraden vormen. Daarmee kunnen ze zich in de zoute en waterige omgeving vasthechten op stenen en houten palen – en ook aan elkaar. Zo vormen ze vaak grote mosselkolonies. Omdat byssusdraad zo sterk is, werd het vroeger zelfs verzameld en tot stof verwerkt, bijvoorbeeld om er handschoenen van te maken.

mossel met byssusdraden

Mosselen voeden zich door organisch afval en plankton uit het water te filteren. Elke mossel filtert ongeveer 1 l water per uur. Net als de vele andere soorten schelpdieren en wormen die zeewater filteren, zorgen ze ervoor dat de zee zo op een natuurlijke wijze gezuiverd wordt.

De strandkrab treurt niet om een pootje

Strandkrabben leven halverwege tussen eb en vloed op plaatsen waar ze zich kunnen verbergen, zoals in holten en poeltjes van strandhoofden of gewoon in het zand op het strand. Daar graven ze zich helemaal in. Toch kunnen ze hun omgeving in het oog blijven houden. Want omdat hun ogen op steeltjes staan, kunnen ze die net boven het zand laten uitsteken.

Net als andere krabben hebben strandkrabben maar liefst vijf paar poten, waarvan het eerste paar omgebouwd is tot krachtige scharen. Die dienen niet alleen als gereedschap om voedsel te hanteren, maar ook om aanvallers af te schrikken. En dat is wel nodig, want krabben lopen voortdurend het gevaar door meeuwen of andere vogels gepakt te worden.

Als je een krab vastgrijpt, probeert ze je af te schrikken door met haar scharen te zwaaien en luchtbellenschuim af te scheiden via haar mond. En als een aanvaller er toch in slaagt de krab bij een poot vast te grijpen, dan past ze haar eigen redmiddel toe: zelfamputatie. Ze stoot de poot in kwestie gewoon af en gaat ervandoor. Vlak bij de plaats waar de poot is afgescheurd, zal zich in een littekenzakje een nieuwe poot vormen.

zeepok: bovenaanzicht en doorsnede

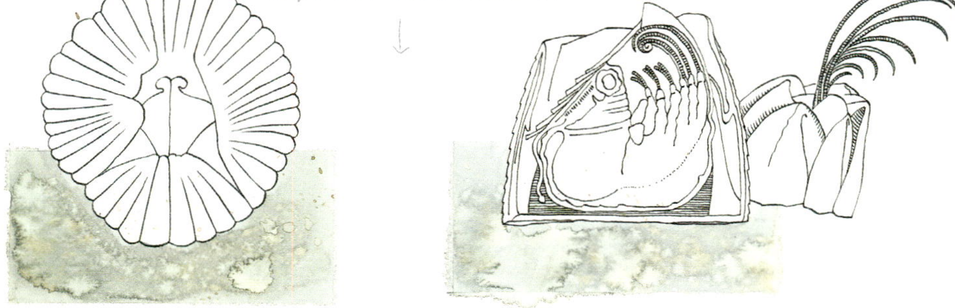

Noordzeekrab: schaap in wolfskleren

De Noordzeekrab is de grootste krab die je bij een strandhoofd kunt vinden. Ze kan een diameter hebben van 30 cm en een gewicht van 3 kilo! Toch is het een rustig dier dat teruggetrokken leeft in de dieper gelegen holten tussen de rotsblokken. Opvallend zijn de zwarte uiteinden van de scharen, de bruinoranje kleur en de mooi gegolfde voorste rand van het pantser, en de met korte, stijve haren bezette poten.

Zeepokken: als astronauten in een ruimtecapsule

Op elk strandhoofd, op elke golfbreker en op eender welke onder water gedompelde steen, groeien er zeepokken. Op het eerste gezicht zijn dat ruw gevormde kalkkorsten. Maar als je wat dichterbij gaat kijken, zie je dat zo'n korst mooi opgebouwd is uit kegelvormige elementen die er als miniatuurvulkanen uitzien. Sommige zijn bovenaan open, bij andere sluiten een

paar kalkklepjes die opening af.
Vreemd genoeg gaat het hier om dieren die tot de schaaldieren behoren, dezelfde groep waarin ook kreeften, krabben en garnalen thuishoren. Als larven zweven zeepokken vrij in het zeewater rond. Maar na een tijd hechten ze zich op een vaste ondergrond op hun rug vast. Ze scheiden vervolgens een kalkachtig omhulsel af in de vorm van een afgeknotte kegel waarin ze veilig verborgen zitten, als een astronaut in zijn ruimtecapsule. Hun pootjes vormen zich om tot borstels waarmee ze plankton uit het water zeven. Die steken ze door de opening bovenaan naar buiten. Bij laagwater sluiten ze de opening van hun woonkegel met een paar kleppen hermetisch af.
In dat huisje slaan ze ook water op. Zo beschermen ze zich tegen uitdroging tot het tij weer opkomt. Als zeepokken sterven, blijven alleen hun lege kegeltjes over. Die blijven dan bovenaan voor altijd open.

Hoe vang ik een strandkrab op een strandhoofd?

Knoop een opengesneden mossel vast aan een touwtje van 1 m lang. Hang de mossel in een plasje of in een spleet tussen de stenen. Met een beetje geduld zul je na een paar minuutjes al een krab naar boven kunnen halen. En oefening baart kunst ... Als je de krab op een veilige manier wilt vastpakken, neem je ze het best met duim en wijsvinger achter de twee scharen beet. Je kunt ze dan eens onderaan bekijken. Op de buik zit een driehoekig klepje. Bij een vrouwtje is dat veel breder dan bij een mannetje omdat ze daarachter haar eitjes met zich meedraagt. Als je de krab goed hebt bekeken, zet je hem of haar snel terug in het water.

De steenloper is een 'curieuze neus'

Hoewel kleine groepjes steenlopers aan onze kust overwinteren en overzomeren, tref je deze vogels vooral op de doortrek aan, van eind juli tot eind november en van begin maart tot eind mei.
Zoals zijn naam het zegt, vind je de steenloper eerder op een stenige ondergrond dan op zandstrand. Aan onze kust zijn de strandhoofden dan ook zijn geliefkoosde plekjes. Steenlopers vertonen een heel typisch gedrag als ze voedsel zoeken. Terwijl ze rondlopen, draaien ze voortdurend steentjes, schelpen en wieren om, op zoek naar diertjes die zich eronder verschuilen.

Scholekster of bonte piet

Deze vogels hebben een opvallend zwart-wit verenkleed en een lange, koraalrode snavel. Ze broeden in de duinen en de polders en zwerven, buiten de broedtijd, in groepjes rond. Ook hun roep valt op: 'piet ... piet'. Door dat mooie verenkleed en die bijzondere roep krijgen ze in Nederland de naam 'bonte piet'.
Scholeksters eten wormen, mosselen, kreeftjes en slakken en je vindt ze dan ook vaak op strandhoofden. Met wat geluk kun je zien hoe een scholekster mosselen open krijgt. Als de mosselen nog overspoeld worden door het zeewater en openstaan, probeert de scholekster bliksemsnel zijn snavel tussen de twee schelphelften te steken om ze open te wrikken. En als de mossel gesloten is, probeert hij hem soms open te krijgen door erop los te hameren tot hij een gat heeft gemaakt en de sluitspier kan doorbijten. Bij laagwater zijn scholeksters ook erg bedreven in het vinden van ingegraven wormen en kokkels. Per dag kunnen ze er een paar honderd opeten.

Duinen en zwinbosjes

Planten

Een lappendeken van planten

Een heleboel factoren zorgen ervoor dat je in de duinen een lappendeken van planten ziet: de wisselwerking tussen planten, bodem en stuifzand, de activiteit van konijnen, de overgang tussen droog en nat en zout en zoet, de blootstelling aan de zon, het kalkgehalte ...

Op de zuidelijke en zuidwestelijke hellingen groeit vaak **duinsterretjesmos**. Het vormt grote groene plekken en helpt het zand vast te houden. Op plaatsen waar humusrijke bodem door kalkrijk zand is ondergestoven, zijn vooral **kruipwilg** en **dauwbraam** van de partij. En daar waar de bodem weer is losgewoeld, vind je **teunisbloem**, vaak samen met **slangenkruid**.

Duinstruweel of struikgewas

Een houtige plant die in kalkrijke zandbodem goed kan groeien, is de **duindoorn**. Een dun viltlaagje op de bladeren zorgt ervoor dat deze plant niet snel uitdroogt. De duindoorn is 'tweehuizig'. Dat betekent dat er mannelijke en vrouwelijke struiken zijn. Aan de vrouwelijke struiken groeien in de herfst de typische oranje bessen die zeer rijk zijn aan vitamine C. Bessenetende vogels zijn er dol op.

De wortels van duindoorn vormen ondergrondse uitlopers. Knolletjesbacteriën vestigen zich erop, waardoor daar kleine knolvormige uitstulpingen ontstaan. Wat planten niet kunnen, namelijk stikstof uit de lucht halen, kunnen de knolletjesbacteriën wel. En aangezien de bacteriën samenleven met de duindoorn, kan die toch ook op erg stikstofarme bodem goed groeien. Omdat er voortdurend stikstof uit de lucht wordt gehaald, wordt de bodem geleidelijk stikstofrijker, waardoor er zich ook spontaan talrijke **vlierstruiken** en **brandnetels** gaan vestigen. De vlierbessen zijn nuttig als voedsel voor vogels. De duindoorn- en vlierstruiken zijn soms behangen met **heggenrank**. Deze tweehuizige plant groeit spectaculair snel en kan struiken en bomen volledig overwoekeren. Hij heeft groenwitte bloemen en giftige bessen. In de lage kruidlaag vind je dan weer **hondstong**, **kale jonker**, **watermunt** en **grote brandnetel**.

In zo'n ondoordringbaar duinstruweel, zoals in de Zwinnebosjes, voelen veel vogels zich thuis. De nachtegaal bijvoorbeeld kun je er in mei voor zonsopgang op talrijke 'zangposten' vurig horen zingen.

Duingrasland en bos

In de Zwinnebosjes gaat het duinstruweel verder landinwaarts gedeeltelijk over in een soortenrijk duingrasland. Daar vind je gedrongen planten met kleine bloempjes en korte stengels, zoals **wilde tijm**, **ruw vergeet-mij-nietje** en **duinreigersbek**. Andere delen gaan over in bos met **ruwe berk**, **zomereik** en **gewone esdoorn**. In vergelijking met het meer open duingebied ligt zo'n bos

heggenrank

duinsterretjesmos

rietorchis

aan de binnenduinrand meer beschut. De bodem is er ouder en dus meer ontkalkt. Naast de boomsoorten die er van nature voorkomen, zijn er ook heel wat aangeplant, zoals de **witte abeel**, de **populier**, en verschillende soorten dennen, waaronder de **zeeden**.

Duinvalleien

Een eind voor de oude 'zeereep', de duinenrij langs het strand, vormt zich soms een jonge duinenrij. Het tussenliggende stukje strand wordt dan een duinvallei. Duintoppen en -pannen ontstaan ook op andere manieren, zoals door het uitstuiven van zand op plaatsen waar de beschuttende begroeiing om de een of andere reden verdween. Soms gaat dat 'uitstuiven' door tot op het niveau van het grondwater. In perioden van uitzonderlijke droogte kan het zelfs tot onder de normale grondwaterdiepte gaan. Uiteindelijk stopt het uitstuiven daar waar het zand te nat is om nog te worden weggeblazen. In zulke vochtige duinpannen weeft **zandzegge** het zand met zijn lange, zich vertakkende wortelstokken vast. Geleidelijk vestigt zich daar een bijzondere plantengroei met onder meer **duizendguldenkruid** en **rietorchis**.

Van weidende koeien tot wandelende toeristen

Tot aan het begin van de twintigste eeuw lieten de mensen koeien en paarden weiden in de duinen en dat zorgde voor beweging en verandering in het duinlandschap. Doordat die dieren er graasden werd de plantengroei op sommige plaatsen zo beschadigd dat de wind weer vrij spel kreeg en er stuifzandplekken ontstonden. Het duinvormingsproces begon dan weer van voren af aan ... In de duingebieden in Knokke-Heist is er nu nog maar weinig dynamiek. Alleen in de niet afgesloten duinen langs het strand, waar wandelaars het zand en de begroeiing telkens weer loswoelen, kan het duinvormingsproces op kleine schaal zijn gang gaan.

Dieren

Konijnen zijn familiedieren

Konijnen voelen zich het best thuis in zanderig, heuvelachtig terrein, dus zeker in de duinen. Het zijn sociale dieren die in groepen leven die uit verschillende families bestaan. Overdag slapen ze meestal in hun zelf gegraven gangenstelsel. In de schemering en 's nachts komen ze uit hun hol te voorschijn en gaan op zoek naar eiwitrijke en licht verteerbare plantendelen, zoals scheuten en wortels van grassen en kruiden, en jonge twijgen van struiken. De kort afgegraasde grasveldjes in de duinen worden door de kustbewoners 'keuneweiden' genoemd.

Konijnen doorkruisen hun woongebied via vaste paadjes, de zogenaamde 'wissels'. De meest opvallende tekenen van hun aanwezigheid zijn de hoopjes keutels, op vaste 'toiletplaatsen' in de buurt van hun hol. Soms vind je in die hoopjes zowel donkere als lichte keutels. Dat heeft te maken met de eetgewoonten van konijnen. Plantenmateriaal verteert moeilijk en na een eerste passage door het lange darmkanaal is nog lang niet alle voedsel verteerd. De afbraak van de moeilijk verteerbare cellulose gebeurt bij konijnen met de hulp van bacteriën in de grote blindedarm. De ruwe vezel wordt daar in opneembare stoffen omgezet. Maar in de dikke darm en de endeldarm worden bijna geen voedingsstoffen opgenomen. Zo zouden er dus een hoop voedingsstoffen verloren gaan. Daarom eet een konijn zijn keutels meteen weer op. Als dat materiaal nóg eens door het spijsverteringsstelsel is gepasseerd, zijn alle voedingsstoffen eruit opgenomen. Wat dan nog over is als konijnenkeutel, is veel lichter van kleur.

lijstersmidse

Zanglijster mét smidse

In de oudere, begroeide duinen broeden veel zangvogels in de dichte duindoornstruiken, zoals **nachtegalen**, **zanglijsters**, **winterkoninkjes** en **braamsluipers**. Ze vinden er immers een overvloed aan insecten, wormen en huisjesslakken. Om de sappige slak uit het harde slakkenhuisje te bemachtigen, maken zanglijsters gebruik van een handige truc. Ze zoeken een steen en slaan het slakkenhuisje ertegen stuk. Meestal maken ze een hele tijd gebruik van dezelfde steen, zodat het daar na een tijdje vol slakkenhuisbrokken ligt. Zo'n plek wordt 'lijstersmidse' genoemd. De lijster gaat er tekeer als een smid op zijn aambeeld.

De bergeend leeft niet in de bergen

Bergeenden zijn vrij grote, opvallend gekleurde watervogels die typisch zijn voor de kust en die je het hele jaar door in het Zwin kunt zien. Daarom is de bergeend ook het symbooldier van dit natuurgebied. In de lente vind je ze in de duinen, waar ze hun nest ver*berg*en in een konijnenpijp, vandaar hun naam. Daarom ook heeft het vrouwtje geen schutkleur zoals bij andere eendensoorten waarvan het vrouwtje in het open veld broedt.

Na een broedtijd van een maand komen de jongen uit het ei. Ze gaan meteen met hun ouders het water op. Bergeenden zoeken hun voedsel in ondiepe plassen op het slik. Met hun zeefsnavel vangen ze wadslakjes, maar ook wormen en schelpdieren.

konijn

zanglijster

bergeend bij konijnenpijp

Een fraaie maar roofzuchtige verschijning: de zandloopkever

In de duinen kom je heel wat soorten insecten tegen. Een fraaie verschijning is de zandloopkever.
Hij heeft lange poten waarmee hij zeer snel kan rennen. En hoewel hij van de zon houdt, gaat hij, als het zand heel heet is, hoog op zijn poten staan om er minder last van te hebben.
Als hij gestoord wordt, vliegt hij zoemend op om wat verder weer neer te komen. Rennend of vliegend overrompelt hij prooien, zoals vliegen en andere insecten. Hij grijpt die met zijn opvallend lang getande kaken vast.
Ook de larve van de zandloopkever is een geduchte jager. Hij maakt een kuiltje in het zand en verbergt zich onderaan in een gang. Insecten die in het holletje vallen, overmeestert hij en zuigt hij leeg.

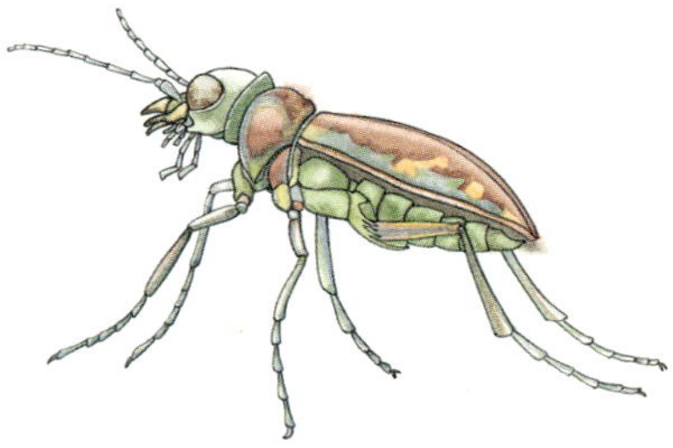

De heidevlinder is dol op de duinen

Op een warme dag in augustus kun je in de buitenste duinen de heidevlinder tegenkomen. Duinpannen en hellingen vormen voor deze vlinder een ideaal microklimaat. De mannetjes zijn grauwbruin, de vrouwtjes hebben oranje vlekken op de voorvleugels. Als ze zich neerzetten op de grond, klappen ze hun vleugels dicht. Omdat de onderkant van de vleugels een perfecte schutkleur heeft, zijn ze zo onzichtbaar tegen de achtergrond.
Heidevlinders leggen in de zomermaanden hun eitjes op planten in het open veld. De rupsen overwinteren in een schuilplaats onder de grond en in het voorjaar verpoppen ze zich daar om dan begin juli als vlinder te voorschijn te komen.

De sint-jacobsvlinder bekent kleur

Hoewel de sint-jacobsvlinder bij de **nachtvlinders** wordt ingedeeld, is hij vooral overdag actief. Het is een opvallend vlindertje met zwart en rood getekende vleugels. De sint-jacobsvlinder vliegt hoofdzakelijk in mei en juni en zet zijn eitjes vooral af op jacobskruiskruid dat in de duinen groeit. De rupsen zijn zwart en geel gestreept. Meestal zitten ze met zóveel op een voedselplant dat die in de kortste tijd helemaal kaalgevreten is. De kleur en de tekening van de vlinder en de rupsen zijn typische waarschuwingssignalen in de natuur. Jacobskruiskruid bevat immers giftige stoffen die door de rupsen worden opgenomen en zo ook in de vlinders terechtkomen. De zwarte en gele kleuren waarschuwen vogels en andere dieren voor de vieze smaak.

De kleine parelmoervlinder schittert in de zon

De kans is vrij klein, maar áls je de kleine parelmoervlinder ziet, zul je onder de indruk zijn van dit 'vliegend parelmoer', zoals hij ook genoemd wordt. De parelmoervlekken op de onderkant van de vleugels schitteren immers in de zon.
Van april tot september vliegt de kleine parelmoervlinder in de duinen rond. De rupsen voeden zich met verschillende soorten viooltjes, waaronder het duinviooltje, en overwinteren onder de grond.

De basterdsatijnvlinder heeft irritante haren

Wanneer er in de winter geen bladeren aan de struiken hangen, vallen de spinsels van de basterdsatijnvlinder erg goed op. Dit witte, sterk behaarde vlindertje behoort tot de **donsvlinders**. De haren vormen een soort natuurlijke bescherming: ze prikken als je ze aanraakt. Ook de rupsen zijn harig en, net als de vlinders, niet prettig om aan te raken. De rupsen verwerken de haren in de losse spinsels of cocons die ze nog voor de winter tussen de twijgen van hun voedselplant spinnen. Dat zijn vaak duindoornstruiken, en die hebben dan ook erg te lijden van de vraat van de rupsen.
De vlinders vliegen in juli en augustus.

rupsen van de sint-jacobsvlinder

Door de invloed van zeestromingen, de wind en kustverdedigingswerken, zijn het strand en de duinen een altijd weer veranderend gebied. Op sommige plaatsen zijn het strand en de duinengordel breder geworden, op andere plaatsen heeft de zee terrein gewonnen op het land ... Door de aanplanting van bossen werden verschillende stuifduinen vastgelegd.

Wandel- en fietsersdijk van het Zwin naar het Zoute, anno 1930 (foto links) en mei 2004 (foto rechts)

het strand voor het Zwin, richting Cadzand, anno 1936 (foto links) en mei 2004 (foto rechts)

Slikken en schorren

Planten

Van nat naar droog en van zout naar zoet

Op het strand laat de zee alleen grove zandkorrels achter. Fijnere deeltjes worden verder meegesleurd. Daar waar de zee via een geul een vlakte achter de duinen bevloeit, zoals in het Zwin, neemt de kracht van de golven af, zodat heel fijne kleideeltjes op de bodem bezinken. Die vormen samen een slijk- of sliblaag.

De slijkplaten die bij elke vloed worden overspoeld, zijn 'slikken'. De hoger gelegen platen die alleen maar bij springtij of stormvloed worden overspoeld zijn 'schorren'. Slikken en schorren worden doorsneden door kreekjes en geulen. Daarlangs dringt de zee het gebied bij vloed binnen en trekt het water zich bij eb terug. Zo'n landschap is zeldzaam. Aan onze kust vind je alleen slikken en schorren in de IJzermonding in Nieuwpoort en in het Zwin in Knokke-heist.

Van de laagste plekken op het slik tot de hoogste delen op de schor is er een overgang van nat naar droog, van zout naar zoet, van veel naar weinig invloed door het getij. Je ziet er dan ook een merkwaardige verzameling planten.

Eencellige wiertjes of diatomeeën

De hoogste zones van het slik komen minder onder water te staan dan de laagste. Daarom kunnen zich daar al bepaalde planten vestigen. Eencellige wiertjes, zoals diatomeeën, vormen er met miljoenen samen microscopische netwerkjes. Met slijmafscheidingen binden ze de afgezette slibdeeltjes aan elkaar en zetten ze vast op de bodem.

Zeekraal slaat water op

Een beetje hogerop groeit zeekraal. De vorm van de plant heeft wat van een miniatuurdennenboompje. De heldergroene, sappige, gelede takjes doen dienst als wateropslagplaats. De zeekraal is net een vetplant, een droogteplant met een watervoorraad. Dat lijkt misschien overbodig als je bedenkt dat de plant bij elke vloed wordt overspoeld. Maar voor een plant is het bijzonder moeilijk om uit het zoute zeewater genoeg zoetwater op te nemen.

Klein schorrenkruid

Een beetje hogerop, op het slik, groeit klein schorrenkruid. Net als zeekraal is het een droogteplant met een vlezige stengel en vlezige blaadjes. Beide planten kleuren na de bloeitijd mooi koraalrood en goudgeel en sterven dan af.

Van slik naar schor

Deze planten helpen meer en meer slib vast te leggen, en zo komen de randzones van de slikken geleidelijk hoger te liggen. Zo ontstaan langzaamaan de schorren. Aangezien er bij springtij of stormvloed nog slib bezinkt tussen de planten, komen die geleidelijk hoger te liggen. Hoger, dus nog minder onder invloed van zout water en stromingen, waardoor weer andere planten zich kunnen vestigen.

Omdat elke schorrenplant op een ander plekje gedijt, is een schor een lappendeken van verschillende plantensoorten. De randen van de 'lapjes' vallen nagenoeg samen met de lijnen die aangeven tot waar het zeewater is gekomen.

Kweldergras: lekkernij voor konijnen

Kweldergras vestigt zich nog hoger. Het heeft smalle, vlezige blaadjes, die vaak in de lengte opgerold zijn om te voorkomen dat het moeizaam opgenomen water

lamsoor

snel verdampt. Konijnen, hazen en berg-eenden lusten het. Het smaakt zoet en heeft een hoge voedingswaarde.

Lamsoor of 'Zwinneblomme'

In diezelfde slibrijke zone tussen de gemiddelde hoogwaterlijn en de springvloedlijn groeit lamsoor, ook wel 'Zwinneblomme' genoemd. Van half juli tot eind augustus wordt de Zwinvlakte gekleurd door de prachtige paarse bloemen. De bladeren van deze plant zijn bedekt met een ondoordringbaar waslaagje, waardoor te sterke verdamping wordt voorkomen. Via kliercellen aan de onderkant van de bladeren wordt het

schijnspurrie

overtollige opgenomen zout afgescheiden in de vorm van zoutkristallen.

Gewone zoutmelde of obione wijst op verzanding

De gewone zoutmelde of obione groeit in dezelfde zone als lamsoor, maar dan vooral op plaatsen waar het zeewater zand heeft afgezet. Bij sterke stromingen bij hoge vloed worden de zandkorrels tot diep in de kreken meegevoerd en, op plaatsen waar die buiten hun oevers treden, op de oeverwallen afgezet. De sterke overheersing van gewone zoutmelde in de Zwinvlakte, dicht bij de monding, duidt ook daar op de voortschrijdende verzanding.

Gerande schijnspurrie: klein maar vernuftig

Gerande schijnspurrie is een lange naam voor een klein en teer plantje. Het plantje gebruikt een merkwaardig, maar handig trucje om te verhinderen dat het stuifmeel bij springvloed nat wordt. Je kunt dat zelf met een proefje nagaan. Als je zo'n plantje met een openstaand bloempje langzaam onder water trekt, buigen de kroonblaadjes bij het contact met het water naar elkaar toe. Zo sluiten ze een luchtbel in die het stuifmeel droog houdt. Als je het bloempje weer boven water brengt, klappen de kroonblaadjes opnieuw open.

Melkkruid, Engels gras en strandkweek

Op de hoogste plaatsen van het schor groeien planten die maar weinig zout verdragen, zoals melkkruid, Engels gras en strandkweek. De piepkleine, maar prachtige roze-witte bloempjes van melkkruid groeien in de bladoksel, dat is de hoek tussen het blad en de stengel. Engels gras heeft dan weer een felgroene wortelrozet – dat is een krans van blaadjes rond de stengel, vlak bij de grond – en een fijne steel zonder blaadjes, met fraaie roze bloemhoofdjes. Strandkweek vormt uitgestrekte velden op plaatsen die maar heel uitzonderlijk worden overspoeld.

scholekster

bergeend

tureluur

Dieren

Kiezelwiertjes op het slik vormen het begin van de voedselketen

De slikken zijn veel rijker aan allerlei organisch leven dan het zandstrand. Dat komt door de grote hoeveelheid fijn organisch materiaal dat met het zeewater bij elke vloed wordt aangevoerd. Als de slikken bij eb droogvallen, wordt dat materiaal snel afgebroken door bacteriën. De mineralen die op die manier vrijkomen, vormen bouwstenen voor de diatomeeën. Ze leven in onvoorstelbare aantallen – enkele miljoenen per vierkante centimeter – op het slik, en geven het de typisch bruinglanzende kleur. Ze vormen de basis voor de voedselketen in dit gebied. De diatomeeën vormen op hun beurt het voedsel van wadslakjes. En wadslakjes worden opgegeten door bergeenden.

Schelpdieren leven met honderden op één vierkante meter slik!

Een typische bewoner van de lager gelegen slikken is de **platte slijkgaper**. **Gapers** zijn schelpdieren die hun schelp door de speciale gapende vorm niet helemaal kunnen sluiten. Ook de meerkleurige **nonnetjes** kun je in grote getale op die slikken terugvinden. Ze zitten op een diepte van 10 cm en hebben net als de platte slijkgaper twee lange buizen of **sifons** om voedsel en water op te nemen en afvalwater weer naar buiten te pompen. Ook de **kokkel** heeft sifons, maar die zijn erg kort omdat hij vlak onder het oppervlak leeft. Scholeksters zijn dol op kokkels, slijkgapers en nonnetjes.
De **strandgaper**, die wel 20 cm groot kan worden, leeft 30 cm diep ingegraven in het slik. Alleen wulpen slagen erin om met hun lange snavel strandgapers uit te graven.

Ook garnaaltjes en wormen worden met veel smaak gegeten

Duizenden slijkgarnaaltjes leven in U-vormige gangetjes in het slib en worden met smaak verorberd door de kluten. Verder vind je op de slikken nog talloze andere sporen van ondergronds leven, zoals tandpastahoopjes van zeepieren, hoopjes kleine zwarte

wulp

bontbekplevier

kluut

korreltjes uitwerpselen van rode draadwormen en ontelbare gaatjes van gangenstelsels van zeeduizendpoten. Deze wormen zijn belangrijk voedsel voor steltlopers, zoals de rosse grutto en de tureluur.

Hoe vindt een vogel zijn voedsel in het slijk?

Al deze vogels vinden de ondergronds levende diertjes, zoals wormen, slijkgarnaaltjes en schelpdieren, door te tasten in het slik. Ze worden dan ook **tastjagers** genoemd. Aan de binnenkant van hun snavel zitten gevoelige zintuigcellen waarmee ze bij het tasten een onderscheid kunnen maken tussen eetbare dingen en slib- en zanddeeltjes in de bodem. Andere steltlopers zijn **oogjagers**. Zij moeten hun voedsel op zicht vinden en het al stappend en rennend te pakken zien te krijgen. Een goed voorbeeld daarvan zijn de **plevieren**. Die hebben korte poten en een korte, stevige snavel, waarmee ze strandvlooien en insecten kunnen pakken.

Zoveel vogels bijeen en toch geen ruzie over eten

Omdat de slikken zo rijk zijn aan slakjes, wormen en schelpdieren, vormen ze een overvloedig gedekte tafel voor veel vogels. Sommige soorten zijn, om te kunnen overleven, zelfs sterk afhankelijk van dit gebied. Onder de broedvogels zijn dat bijvoorbeeld **kluten**, **bontbekplevieren**, **tureluurs** en **bergeenden**. Bij de trekvogels zijn **zilverplevieren** en **rosse grutto's** goede voorbeelden.

Merkwaardig genoeg leven die vele vogelsoorten in zulke grote aantallen toch vreedzaam naast elkaar. Ze ruziën niet om voedsel. Dat komt doordat er héél veel voedsel te vinden is, en ook doordat ze allemaal een gespecialiseerde snavel hebben waarmee ze voedsel op een bepaalde diepte uit het slib kunnen halen.

zeeduizendpoot

slijkgarnaal

slijkgaper

Kluut
De kluut is een sierlijke vogel die met statige stap door ondiep water waadt. Hij maakt met zijn snavel zijdelingse maaibewegingen door het bovenste waterige slijklaagje en plukt er met zijn snavel al wat eetbaar is uit. Slijkgarnaaltjes vormen zijn lievelingsmaaltijd.

Bontbekplevier
De bontbekplevier pikt met zijn spitse snavel strandvlooien, krabbetjes, wormen en schelpdiertjes op.

Wulp
De wulp is gemakkelijk te herkennen aan zijn lange, naar beneden gebogen snavel en zijn spikkelkleed. Het vrouwtje is groter dan het mannetje en heeft ook een langere snavel.
Met hun snavel vissen wulpen wormen en schelpdieren op die zich diep in het slijk ingraven, zoals zeepieren en slijkgapers.

Bergeend
Bergeenden slobberen met hun snavel door de bovenste waterige slijklaag. Het water dat ze in hun bek krijgen, duwen ze via de zeefplaatjes op de rand van hun snavel weer naar buiten. De zeefplaatjes houden voedsel tegen dat ze dan inslikken. Bergeenden zijn dol op wadslakjes.

Scholekster
Scholeksters vissen met hun krachtige snavel schelpdieren uit het slijk, zoals kokkels, slijkgapers en nonnetjes. Ze slagen erin om de schelpen stuk te slaan of om de sluitspieren ervan stuk te bijten om zo aan de malse inhoud te komen.

Tureluur
Ook de tureluur is altijd druk in de weer op het slik. Met zijn lange fijne snavel gaat hij er op zoek naar in het slijk ingegraven zeeduizendpoten, slijkgarnalen en rode draadwormen.

Wadslakje
Wadslakjes zijn piepkleine slakken die soms in enorme aantallen voorkomen – enkele honderden per vierkante meter. Ze 'grazen' op de diatomeeënweiden op het slik en vormen zelf een belangrijke voedselbron voor de bergeend.

Slijkgarnaal
Duizenden slijkgarnaaltjes leven in U-vormige gangetjes in het slib. Ze zijn de geliefkoosde maaltijd van kluten. De garnaaltjes voeden zich met plankton dat ze uit het slib filteren. Hun uitwerpselen kun je als piepkleine hoopjes op de slikken zien liggen.

Platte slijkgaper
Ook dit is een typische bewoner van de lager gelegen slikken. Deze tweekleppige verbergt zich ongeveer 15 cm diep in het slib.

rode draadworm

wadslakje

zeepier

de sneeuwgors eet graag lamsoorzaadjes

Strandgaper

Deze slikbewoner kan wel 20 cm lang worden. Hij leeft 30 cm diep ingegraven in het slik. De twee sifons zijn erg lang en tot één slurf vergroeid. Alleen wulpen slagen erin om met hun lange snavel strandgapers op te graven.

Zeepier

De tandpastahoopjes op het slik verraden de aanwezigheid van zeepieren. Die leven in een U-vormige buis. Elk tandpastahoopje geeft de uitgang van een woonbuis aan. Vlakbij vind je een kuiltje, waar de ingang is.

Zeeduizendpoot

Vele gaatjes in het slib zijn toegangen tot gangetjes van zeeduizendpoten. Deze wormen zijn belangrijk voedsel voor steltlopers, zoals de rosse grutto en de tureluur.

Rode draadworm

Ook dit diertje is talrijk vertegenwoordigd in het slib. Hij leeft met de kop naar beneden in lange, verticale gangen. Hij eet slib en verteert de algen en bacteriën die erin zitten. Zijn uitwerpselen liggen in hoopjes van kleine zwarte korreltjes op het slik.

Sneeuwgorzen komen van het hoge Noorden

Op plaatsen waar 's winters veel uitgebloeid schorrenkruid en verdorde zeekraal staan, kun je sneeuwgorzen voedsel zien zoeken. Ze broeden in het hoge Noorden en overwinteren in onze kuststreek. Soms zijn ze in gezelschap van andere gorzen, vinken en leeuweriken. Toch kun je ze in zo'n gemengd groepje gemakkelijk herkennen aan het vele wit op vleugels en borst. Sneeuwgorzen eten graag zaadjes van zeekraal, schorrenkruid en lamsoor.

De kleine zilverreiger

De kleine zilverreiger is een spierwitte reiger met een zwarte snavel en gele tenen. De Zwinstreek is de enige plaats in België waar hij voorkomt. Deze sierlijke vogel broedt er en heeft er zijn slaapplaats.

Als hij op zoek is naar voedsel, loopt hij nerveus rond in ondiep water. Daarbij pikt hij nu eens hier, dan weer daar, in de hoop een kleine vis of worm te verschalken.

Net als de grotere blauwe reiger, vliegt de kleine zilverreiger met ingetrokken hals – precies de letter S. Zo kun je hem gemakkelijk onderscheiden van de lepelaar, die met gestrekte hals vliegt. Vroeger werd de kleine zilverreiger neergeschoten voor de sierveren op zijn kop. Die moesten de hoeden van de dames meer 'uitstraling' geven. Duizenden vogels werden om die reden afgemaakt, zodat de zilverreiger in de negentiende eeuw bijna uitstierf. Gelukkig is hij nu beschermd en is die hoedenmode niet meer algemeen.

Als iemand het heeft over de natuur in

Een internationale luchthaven voor vogelverkeer

Als je het Zwin vanaf de dijk bekijkt, kun je heel wat vogels zien. Het lijkt alsof die er allemaal hun vaste plek hebben, maar wat je ziet, is een momentopname. In het Zwin is het namelijk een voortdurend komen en gaan ...

Het natuurreservaat is immers een belangrijke 'stapsteen' voor trekvogels. In het voorjaar keren veel vogels uit hun overwinteringsgebied in het verre zuiden terug naar hun broedgebieden in het noorden. In het najaar gaat de reis in de omgekeerde richting. Heel wat vogelsoorten volgen de kustlijnen en maken van riviermondingen en andere natuurgebieden gebruik om er te rusten en voedsel te zoeken –zoals vliegtuigen die tijdens een langeafstandsvlucht moeten bijtanken op een luchthaven. Veel vogelsoorten strijken op vaste tijdstippen in het Zwin neer. Wilde ganzen bijvoorbeeld komen jaarlijks eind oktober of begin november aan.

kleine zilverreiger

Het stadsgebied

Knokke-Heist, dan denk je waarschijnlijk meteen aan een vroege ochtend op het strand of in de duinen, of aan de vogels op de slikken en de schorren van het Zwin. Maar 'natuur' vind je hier overal. Want ook in het stadsgebied zijn er veel groene zones, zoals parken, bossen, stadsvijvers, de golfbaan. Zelfs in de straten van Knokke-Heist kun je heel wat boeiende stukjes natuur vinden: in de tuintjes, op de pleinen en in de plantsoenen, tot op de oude muren en stenen van de begraafplaats toe.

Straten

Planten

De knotwilg: een thuis voor vele dieren en planten

De vele duizenden knotwilgen die in rijen in het Zoute zijn aangeplant, bepalen er het straatbeeld. Als je door de straten rijdt in het zomerhalfjaar, als de 'pruiken' in blad staan, zou je bijna denken dat je door een bos rijdt. Daarom trouwens werden de bomen er oorspronkelijk aangeplant: om de mensen onder te dompelen in een sfeer van rust en groen. Er zijn nu zo'n 30 000 knotwilgen in Knokke-Heist en die allemaal gezond houden is een zeer arbeidsintensieve taak voor de mensen van de onderhoudsdienst. Zij moeten de bomen snoeien, dode exemplaren vervangen, enzovoort.

Op sommige plaatsen vind je erg oude exemplaren. Ze hebben een knoestige, vaak onregelmatig gevormde stam. Knotwilgen hebben zacht hout dat bij het ouder worden gemakkelijk wegrot, waardoor er in zo'n oude boom grote gaten en spleten ontstaan. Zo'n oude knotwilg is dan ook een levensgemeenschap op zich. In het vermolmde hout tussen de takken ontkiemen zaden en vormt zich een gevarieerde begroeiing. Tal van insecten en andere ongewervelde diertjes, zoals pissebedden en miljoenpoten, houden zich er schuil. Die beestjes vormen dan weer het voedsel van vogels, zoals mezen, die ook in de holten nestelen.

de onderhoudsdienst van Knokke-Heist verzorgt 30.000 knotwilgen

Dieren

Mieren

'Veetelers' die bladluizen 'melken'

Je kunt soms druk verkeer zien op de stam van zo'n knotwilg: tientallen mieren die in een snel tempo achter elkaar aan lopen in een lange rij vanaf de grond tot hoog in de takken van de boom, en omgekeerd. Dan kun je ervan op aan dat in de wilgen'pruik' grote groepen bladluizen huizen. Die insecten zuigen met een steeksnuit plantensappen uit de takken. Om genoeg eiwitten binnen te krijgen, drinken ze zó veel sap dat ze vocht af moeten scheiden. Dat vocht bevat nog veel suiker en daar zijn de mieren verzot op. Ze halen de druppels vocht bij de bladluizen op en brengen het suikerrijke voedsel naar hun nest. De mieren stimuleren de bladluizen zelfs om vocht af te scheiden door hen met hun voelsprieten te strelen. Je zou kunnen zeggen dat ze de bladluizen als hun vee beschouwen en hen 'melken'! En de zorg voor de bladluizen gaat nog verder, want ze bewaken hen ook tegen indringers en belagers. Gaasvliegen en lieveheersbeestjes bijvoorbeeld lusten wel bladluizen. Maar als ze te dicht in de buurt komen, worden ze meteen door de mieren achternagezeten en verjaagd.

pissebedder

een mier melkt een bladluis

Uit het leven van de naarstige mieren

Mieren vormen grote kolonies van verschillende duizenden individuen. Hun nest bevindt zich onder de grond en bestaat uit ingewikkelde gangenstelsels, voedselopslagplaatsen, kinderkamers én natuurlijk de woonplaats van de koningin. Die doet haar hele leven niets anders dan eieren leggen. De andere mieren zijn werksters. Zij zorgen voor de eieren, voeden de larven, beschermen de poppen, houden het nest schoon en luchtig en dragen voedsel aan. Mieren hebben geen vaste lichaamstemperatuur. Hun temperatuur wordt bepaald door die van de omgeving. Dus hoe warmer het is, hoe hoger ook de lichaamstemperatuur van de mieren. Daarom zijn ze bij warm weer veel beweeglijker en actiever dan wanneer het bewolkt is en fris. Als het warm is, brengen de werksters de poppen dichter bij het oppervlak van het nest. Dan kunnen ze van de warmte profiteren en sneller tot ontwikkeling komen. De werksters breiden het gangenstelsel van het nest dan vaak uit tot onder plaveien of andere stenen die door de zon snel opgewarmd worden en de warmte ook een tijdje vasthouden. Als je bij warm weer een steen omkantelt, vind je daaronder vaak een hoopje witte mierenpoppen met een heel legertje van paniekerige mieren eromheen. In de lente komen er uit de eitjes gevleugelde mannetjes en vrouwtjes. Op een vochtige, warme dag verlaten die het nest en vliegen tot hoog in de lucht. Daar paren ze, waarna de mannetjes sterven en de vrouwtjes een nieuwe kolonie stichten.

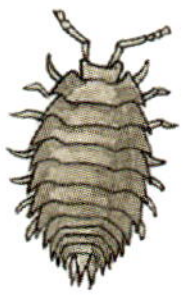

Hoe kun je mieren buiten houden?

Mieren zijn doorzetters die altijd op zoek zijn naar voedsel, zoals plantenzaden en insectenlarven. Daarbij komen ze ook wel eens in huis terecht, omdat er in keuken- en voorraadkasten allerlei lekkers te vinden is. De beste manier om mieren buitenshuis te houden is suiker en andere zoetigheden te bewaren in goed afgesloten dozen.

Pissebedden zijn kreeftjes die op het land leven

Onder vochtige stenen en vermolmd hout vind je vaak pissebedden. Die zijn familie van garnalen en kreeften. Omdat ze ook met kieuwen ademen, moeten ze voortdurend in een vochtige omgeving zitten. Als het te warm en te droog wordt, gaan ze snel dood. Ze voeden zich met rottend plantenmateriaal en zachte bladeren.

een ekster met nest

Straatschooiers onder de vogels

De meeste vogels in het stadsgebied voelen zich het best thuis in tuinen, bossen en parken. Maar er zijn ook verschillende soorten die geregeld op straat opduiken, vooral als de vuilniszakken klaarstaan. Je kunt hier wel degelijk van 'cultuurvolgers' spreken, want zowel meeuwen, kauwen als eksters hebben geleerd dat het de moeite loont om energie en tijd te besteden aan het stukpikken en -trekken van de zakken ... tot grote ergernis van iedereen die Knokke-Heist schoon probeert te houden.

zilvermeeuwen trekken vuilniszakken stuk op zoek naar afval

Begraafplaatsen

Planten

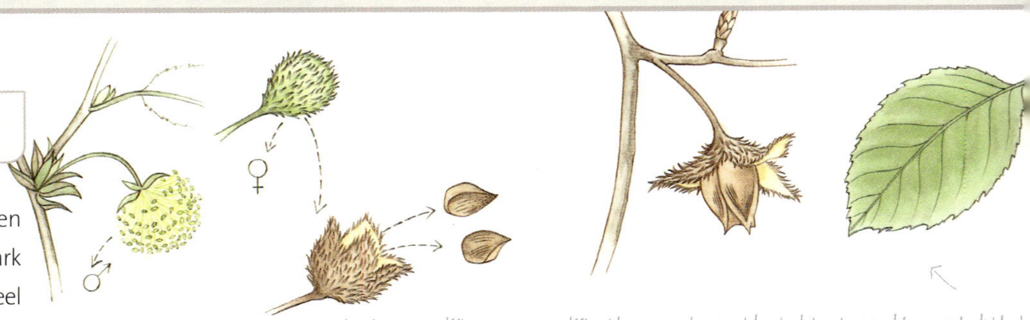
beuk: mannelijke en vrouwelijke bloemen, de vrucht – het beukennootje – en het blad

In tegenstelling tot vroeger worden begraafplaatsen nu ook meer als park aangelegd. Die plaatsen hebben een heel aparte sfeer. Je vindt er rust en stilte. Knerpende paadjes, ruisende bomen en de geur van vochtige, bemoste muren. Grafzerken en -monumenten geven die herinneringen zwijgzaam en tijdloos vorm. Daar waar het tijdelijke overgaat in het eeuwige, zorgt de natuur voor een gepast kader ...

Beuken

Naast de eik is de beuk bij ons de bekendste loofboomsoort. In het bos zijn de stammen hoog opgericht en recht. Vrijstaande beuken echter blijven meestal kort en krijgen een brede kroon. De beuk heeft een dunne, gladde en grijze schors en een dicht bladerdak en geeft dus veel schaduw. Daarom wordt hij vaak aangeplant in dreven en lanen, in parken en op begraafplaatsen. Omdat de schors dun is, is ze vrij gevoelig voor te sterk direct zonlicht en soms kan dan 'zonnebrand' optreden. De schors droogt uit en barst, waardoor ze de boom niet meer kan beschermen. Misschien blijven daarom de afgestorven bladeren van de beuk ook tijdens de winter als bescherming aan de boom hangen.

Bladmossen, korstmossen

Bladmossen zijn vrij primitieve planten. Ze vormen geen bloemen of zaden, maar planten zich vooral voort door sporen. De wortel, de stengel en de bladeren zijn eenvoudig van bouw. Daarom moeten mossen water en bouwstoffen uit de neerslag en uit de lucht opnemen. De meeste mossoorten blijven dan ook klein en groeien meestal op vochtige en schaduwrijke plaatsen.

Een **korstmos**, zoals het **oranje steenkorstmos**, is eigenlijk een 'koppeltje' – een zwam en een wier die samenleven. Het grootste deel van een korstmos bestaat uit een netwerk van zwamdraden, die de wiercellen omgeven of er zelfs met speciale zuigdraden in binnendringen. De zwam biedt het wier bescherming tegen uitdroging en temperatuurschommelingen, en zorgt ook voor de opname van mineralen en water uit de lucht en de neerslag. Het wier zorgt voor de voeding. Het zet via fotosynthese koolzuurgas en water om in suikers, waarvan de zwam dan weer gebruik kan maken. Maar met het blote oog zie je het onderscheid tussen zwam en wier niet en is het korstmos gewoon een mooi geheel.

Veel korstmossen kunnen maar kleine hoeveelheden toxische stoffen verdragen. Vanaf een bepaalde graad van luchtvervuiling gaan ze dood. Die korstmossen zijn echte 'indicatoren' voor vervuiling. Als ze verdwijnen, is het duidelijk dat er een heel ernstig probleem is met de luchtkwaliteit.

Muurleeuwenbek

Dit leuke plantje heeft kleine, lichtpaarse bloemen, klimopachtige, vlezige blaadjes en dunne draadvormige stengels die kruipen of hangen. De stengels vormen op regelmatige afstanden kleine wortels die zich verankeren in de voegen tussen de stenen.

grafzerken en -monumenten

Dieren

Vleermuizen

Dit zijn de enige zoogdieren die echt kunnen vliegen. Hun vleugels bestaan uit een vlieghuid die tussen de zeer lange vingers, de achterpoten en de staart zit gespannen. Vleermuizen zijn enkel 's nachts of in de schemering actief. De op het eerste gezicht onverklaarbare, roekeloze en toch feilloze fladdervlucht heeft vleermuizen een kwalijke reputatie gegeven. Zulke halsbrekende toeren kun je immers alleen maar uithalen als je over duistere machten beschikt en handlanger bent van heksen en andere kwade geesten ... Veel vleermuizen eindigden vroeger hun leven vastgenageld aan de schuurpoort om de kwade hand van het erf te verjagen. Nu weten we wel beter. Vleermuizen beschikken over een uniek 'sonar'systeem. Ze stoten ultrasone geluiden uit – geluiden die boven onze gehoorgrens liggen. De geluidsgolven weerkaatsen op muren, takken, vliegende insecten, struiken, auto's ... en worden weer opgevangen door de grote oren. Zo 'horen' vleermuizen een perfect driedimensionaal beeld van hun omgeving. Ze vliegen nergens tegen én slagen er zelfs in om in de duisternis muggen en motten te vangen. Vleermuizen zullen dus nooit per ongeluk in iemands haar vliegen en er hopeloos in verward raken, zoals het fabeltje de ronde doet. Overdag rusten ze in kleine holle ruimten. Begraafplaatsen hebben meestal een ruim aanbod van dergelijke woonplaatsen. Al onze inheemse vleermuizen leven van insecten. Omdat die hier 's winters niet te vinden zijn, zoeken ze in de late herfst grotten, zolders, bunkers of boomholten op om er in een diepe slaap te overwinteren.

Rosse woelmuis

De rosse woelmuis is een van de meest voorkomende woelmuizen in onze streken. Dit vinnige beestje heeft kleine ogen en oren, een korte staart en een gedrongen lichaam. Het leeft bij voorkeur in een dichtbegroeide bodemlaag in loofbossen en tuinen. Het menu van de rosse woelmuis bestaat uit zaden, vruchten, bessen, noten, wortels, groene planten en paddestoelen. Daar waar er te weinig lage begroeiing is, gaan de muizen dag en nacht op zoek naar voedsel via een netwerk van tunneltjes tussen de planten of onder de grond. Het wijfje werpt tussen april en september een vijftal nesten van elk zo'n 3 tot 7 jongen. De draagtijd duurt 20 dagen. Na ruim twee weken verlaten de jongen het nest en na een maand zijn ze al zelfstandig en rijp voor de voortplanting. Dat verklaart waarom de rosse woelmuis plots zo explosief in aantal kan toenemen.

slapende vleermuizen

Oude muren en gevels

Planten op oude muren

Planten kunnen op de gekste plaatsen groeien – zelfs op oude, verweerde muren. Meestal zijn het soorten die eigenlijk in gebergten thuishoren waar ze in natuurlijke rotsspleten wortelen. In de stad maken ze gebruik van barsten en holten in voegen met kalkrijke mortel.

De muurvaren, een stille sloper

Dit is een klein, donkergroen plantje waarvan de leerachtige blaadjes het hele jaar groen blijven. In tegenstelling tot andere varens kan de muurvaren zich gemakkelijk op een stenige ondergrond vestigen. Daarvoor zijn heel kleine oneffenheden in het kalkrijke cement van de voegen van oude muren al voldoende. Door de groei van de wortels raken de kalkvoegen meer en meer verweerd, waardoor ook andere planten de kans zien om er zich te vestigen.

De muurbloem, één van de mooiste

Deze prachtige muurplant is vermoedelijk afkomstig uit het Middellandse-Zeegebied, en is nadien hier verwilderd. De muurbloem houdt alleen stand op zeer oude, verweerde muren. Meestal groeit de muurbloem op uitspringende randen. De plant heeft langwerpige, behaarde bladeren. De oranjegele bloemen verspreiden een heerlijk zoete geur.

Planten op de gevels

De laatste tijd is gevelbeplanting 'in'. Maar het is meer dan alleen maar een modeverschijnsel. Zulke beplanting heeft immers heel wat voordelen. Tussen hun takken en bladeren en de muur houden gevelplanten een luchtlaag vast, waardoor ze een isolerend effect hebben en ervoor zorgen dat de muur droog blijft. Wel is het belangrijk om gevelplanten uit de buurt van dakpannen en dakgoten te houden. Sommige groeien immers onder de pannen door en kunnen die na verloop van tijd optillen, zodat het dak niet meer waterdicht is. Of soms verstoppen ze goten en aflopen.

Kamperfoelie, een geurige slingerplant

De kamperfoelie is een slingerplant die van een of andere steun, zoals een plantenklimrek of een struik, gebruik maakt om zich omhoog te werken. Deze plant groeit ongeveer 1 m per jaar en kan enkele tientallen jaren oud worden. Meestal zijn de bloemen wit, geel of rozerood van kleur. Vooral 's avonds verspreiden ze een sterke geur, waardoor ze veel nachtvlindersoorten aantrekken. Die komen met hun lange roltong nectar uit de bloemen halen.

Klimop, altijd groene gevelmantel

Klimop heeft geen constructies of andere planten nodig om op te steunen en zich naar boven te werken, maar zuigt zich vast met zijn hechtwortels. Zo kan hij wel 30 m hoog worden! Hij blijft altijd groen: 's winters behoudt hij zijn bladeren, zodat de muur het hele jaar door geïsoleerd blijft en allerlei dieren er beschutting vinden. Omdat ze met een waslaagje bedekt zijn, bevriezen de bladeren niet. Pas na tien jaar vormt de plant in het najaar halfronde, onopvallende bloemschermen. In de winter geven de zwarte bessen een mooi, decoratief tintje aan de klimop.

Heel wat spinnen, insecten en andere kleine dieren vinden een onderkomen in het dichte gebladerte tegen de gevel. Daarom scharrelen heggenmussen en winterkoninkjes er zo graag in rond.

begroeide gevel

Dieren

De merel geeft graag concerten

Overal waar een grasperkje is, duikt deze bekende vogel op. Hij trippelt er over de grond tot er een regenworm te voorschijn komt. Daar is hij immers dol op.

Er zijn enkele opvallende verschillen tussen het mannetje en het vrouwtje. De volwassen mannetjes zijn zwart en hebben een gele snavel, terwijl de vrouwtjes onopvallend donkerbruin gekleurd zijn.

De merel zingt graag 's morgens vroeg in de lente en vlak voor of na een flinke regenbui.

De heggenmus is niet zo trouw

De heggenmus is wat fijner van bouw en kleiner dan de huismus, en hij heeft een fijne snavel. Hij hipt op de grond met korte, schuifelende sprongetjes. Eigenlijk is het een onopvallend vogeltje dat leeft van insecten en zaden. Meestal zingt hij op de top van een boom of een struik. Zijn zang lijkt wel op die van de winterkoning, maar dan zonder trillers en veel stiller. Zijn nest is een kleine kom van gras, gevoerd met haar en mos.

Merkwaardig is dat zowel het mannetje als het vrouwtje er meerdere partners tegelijk op na kunnen houden.

De winterkoning is een kleine, maar dappere zanger

Dit is een klein, bezig vogeltje dat voortdurend met zijn korte, opgerichte staartje wipt. Als je goed toekijkt, zie je hem bovendien grappige buigingen en sprongetjes maken wanneer hij iets nieuws ontdekt. Op zijn menu staan vooral insecten en spinnetjes.

Als je zijn zang hoort zou je denken dat hij een echte lefgozer is – zo'n klein vogeltje en toch zo'n stemvolume!

winterkoning

Gierzwaluwen doen alles in de lucht

Gierzwaluwen zijn snel vliegende vogels die vooral in steden leven en er zich nestelen in spleten in gevels en in dakgoten. Het zijn geen echte zwaluwen; ze zijn familie van de kolibrie. Hun naam kregen ze doordat ze met een gierende roep door de lucht vliegen. Deze vogels brengen trouwens het grootste deel van hun leven in de lucht door – zelfs paren en slapen doen ze in de lucht – en hun lichte, gestroomlijnde lichaam is volledig aan die levenswijze aangepast

gierzwaluw

De huiszwaluw doet het goed

Huiszwaluwen overwinteren ten zuiden van de Sahara. Begin april komen ze in ons land aan, maar het duurt tot eind mei voor ze allemaal terug zijn. De najaarstrek begint half augustus en bereikt zijn hoogtepunt aan het eind van september.

Huiszwaluwen vormen in Knokke-Heist kleine kolonies. Ze bouwen komvormige nesten van slijk onder dakgoten of uitstekende dakranden. Alleen bovenaan in het nest zit een kleine opening. In tegenstelling tot op andere plaatsen in ons land zijn er in Knokke-Heist nog erg veel huiszwaluwen.

merel

heggenmus

huiszwaluw

waterlelie

Stadsvijvers

Planten

Riet

Riet komt zeer algemeen voor aan zoet en brak water. Het is één van de grootste Europese grassen. De stengels zijn glad, hol en fors. Ze vormen vaak een dichte, haast ondoordringbare oeverbegroeiing. De pluimen van bloeiend riet zijn vrij groot, dicht en zacht en hebben een paarsige of bruinachtige kleur.

Riet vormt zeer uitgebreide wortelstelsels waardoor het – net als de knotwilg – de oevers beschermt tegen afbrokkelen. De wortels zijn immers als een soort fijnmazig net, waardoor de grond van de oevers wordt vastgehouden en niet wegspoelt als het water hoog staat. Als het riet in het najaar afsterft, blijft het nog lange tijd overeind staan en tooit het de oevers in mooie geelbruine kleuren.

De stengels worden gemaaid en als dakbedekking gebruikt.

Waterlelies bloeien alleen overdag

Iedereen kent de typische, haast ronde bladeren die op het water drijven. Het grootste deel van de waterlelieplant bevindt zich echter onder water. De bladeren zitten immers aan heel lange bladstelen die ontspringen uit een wortelstok die in de modder groeit. Pas als een nieuwe bladsteel tot het wateroppervlak reikt, kan het nieuwe blad gaan drijven.

De bloemstengels dragen elk één bloem boven water. Die bloemen zijn prachtig wit of roze en gaan alleen overdag open. Als de vrucht rijp is en openbarst, komen er drijvende zaden vrij. Na een tijdje zinken die naar de bodem, waar zich dan nieuwe planten vormen.

Waterpest komt uit Canada

Waterpest is een onder water levende plant met vrij lange, vertakte stengels. De langwerpige blaadjes zonder steeltjes groeien in kransjes van drie op de stengels.

Deze plant werd in 1860 uit Canada in Europa ingevoerd. De plant groeide en gedijde zo goed in onze streken dat hij soms kanalen en sloten volledig verstopte, zodat er geen boot meer door kon – vandaar de naam.

waterpest

Dieren

Meerkoet

De meerkoet is een wat kibbelzieke vogel die van water houdt. Hij heeft een leigrijs lichaam, een grote witte snavel en een wit voorhoofd. Hij vindt zijn voedsel duikend in open water en 'grazend' op de grond. Je ziet hem daarom ook geregeld voedsel zoeken in weiden. Hij heeft dus een gevarieerd menu, bestaande uit gras, zaden, scheuten, slakken, kikkervisjes en andere waterdiertjes ...

De meerkoet bouwt zijn nest het liefst aan de oever tussen het riet of ook wel eens op een hoop samengedreven plantenafval. Het nest is een grote kom van plantenmateriaal en takken.

Libellen en waterjuffers

Libellen behoren samen met vlinders tot de mooiste insecten. Ze hebben korte en onopvallende antennen, een lang achterlijf en erg grote facetogen. De geaderde vleugels zijn stevig en maken in de vlucht een ritselend geluid. Deze 'oogjagers' voeden zich met andere vliegende insecten, zoals muggen en vliegjes.

meerkoeten

libel

Bijna alle soorten libellen leggen hun eitjes in of vlak bij stilstaand of langzaam stromend water. De larven groeien op in het water. In die eerste levensfase zijn ze veel minder mooi dan de volwassen dieren. Ze hebben al een beetje de vorm van een libel, maar dan zonder het lange achterlijf en de vleugels. Ze voeden zich met allerlei kleine waterdiertjes, met insectenlarven en kikkervisjes, die ze vangen met een soort uitklapbare onderkaak.

Je kunt twee groepen libellen onderscheiden: de waterjuffers en de echte libellen.

Waterjuffers zijn slank met vier gelijke vleugels die ze in rust dichtklappen. De ogen zijn duidelijk van elkaar gescheiden en het zijn maar matige vliegers.

Echte **libellen** zijn veel forser gebouwd dan waterjuffers en de grote ogen raken elkaar boven de kop. In rust houden ze hun vleugels gespreid; de achtervleugels zijn breder dan de voorvleugels. Het zijn formidabele vliegers. Daardoor worden ze vaak op veel grotere afstand van het water aangetroffen dan de waterjuffers, die meestal in de buurt van hun geboorteplaats blijven.

het Zegemeer

Karper

De karper hoort van nature thuis in Oost-Europa en Azië. Je vindt hem vooral in voedselrijk, langzaam stromend water. Hij leeft van allerlei plantenmateriaal en van insectenlarven, slakken en wormen die op de bodem leven. De karper kan uitgroeien tot een forse, krachtige vis van ruim 1 m lang. Hij kan dan meer dan 20 kilo zwaar worden. Typisch voor de karper zijn de vier baarddraden bij de bek en de opvallend lange rugvin.

Karpers planten zich in juni en juli voort en leggen hun eitjes in ondiep water tussen planten. Eén karper kan meer dan één miljoen eitjes leggen! Maar omdat veel jongen worden opgegeten door andere vissen, groeit maar een beperkt aantal op.

karper

Roodwangsierschildpadden zijn schrokoppen

Vroeger kon je in dierenwinkels en op markten piepkleine waterschildpadjes kopen, mooi groen met een oranjerode vlek op de wang. Als zo'n schildpadje met een beetje geluk bleef leven, groeide het langzaam maar zeker uit tot een vrij groot beest dat per dag veel eten nodig had, in het aquarium veel te klein behuisd was en bovendien te bijtgraag werd: vingers waren niet meer veilig! Het baasje besloot dan wel eens om zijn ooit zo gekoesterde huisdier in één van de gemeentelijke vijvers te zetten. Daarom kun je her en der in de vijvers van Knokke-Heist op zonnige dagen waterschildpadden zien zitten zonnen op een tak of ergens aan de kant. Dat ze minder vredig zijn dan ze lijken, staat vast. In vijvers waar veel roodwangsierschildpadden rondzwemmen, daalt het aantal vissen drastisch en soms verdwijnen er zelfs eendenkuikens onder water ...

roodwangsierschildpadden

Hoe botulisme vaststellen?

Botulisme is een soort voedselvergiftiging die veroorzaakt wordt door een bacterie. In ondiepe waters en bij warm zomerweer slaat de vergiftiging het gemakkelijkst toe. De botulismebacterie plant zich dan snel voort en voedt zich daarbij met allerlei rottend plantenmateriaal in het water. De bacteriën scheiden giftige stoffen af. Als eenden waterplanten en ander voedsel van de bodem opvissen, krijgen ze de gifstoffen binnen. Die stoffen hebben een heel nadelig effect op het zenuwstelsel. Eerst krijgen de vogels minder kracht in hun vliegspieren waardoor ze problemen krijgen bij het 'opstijgen en landen'. Dan verzwakken hun poten en vleugels zo erg dat ze niet meer kunnen vliegen, lopen of zwemmen. Ten slotte zijn ze zo verzwakt dat ze helemaal in elkaar zakken en doodgaan.

Een gouden raad voor elke wandelaar: raak de zieke en dode dieren nooit aan, maar waarschuw de politie of de brandweer.

Parken

Dieren

Veel vogels die in bossen, parken en tuinen leven, zijn voor hun voedsel afhankelijk van bomen en struiken. Terwijl andere vogels van insecten leven, eten zij knoppen, vruchten en zaden. Ze gebruiken de bomen ook als rust- en slaapplaatsen. Sommige vogels hebben zelfs hun vaste rustboom, ook wel 'roestboom' genoemd. Ze nestelen in natuurlijke holten of bouwen hun nest in de kruin of in een takvork. Roofvogels gebruiken graag hoge bomen als uitkijkpost om prooidieren op te sporen. Voor vele vogelmannetjes is een boom trouwens een soort podium vanwaar ze hun liefdeslied luid laten weerklinken ...

De groene specht heeft een rode muts

Alle spechten hebben een beitelvormige snavel, krachtige tenen, een lange, kleverige tong en een korte, stijve staart. Die staart dient als steun bij het beklimmen van boomstammen.
De meeste soorten eten insecten en insectenlarven, die ze met hun geroffel uit het hout en de schors van de bomen jagen. **Groene spechten** gebruiken hun snavel alleen om in zacht hout te beitelen. Met hun snavel boren ze vooral in het gazon op zoek naar mieren.

groene specht

De spotvogel houdt iedereen voor de gek

De spotvogel is een meester in het imiteren van de geluiden van andere vogels, vandaar ook zijn naam. Omdat hij de zangmotieven van andere vogels overneemt, 'bespot' hij als het ware spreeuwen, merels, mezen en vinken. En toch heeft hij ook zelf een eigen schitterende zang die uit fluitende, welluidende en scherpe klanken bestaat. Je kunt een drietal motieven onderscheiden, waarvan vooral de roep 'dadawiet, dadawiet, dadawiet' opvalt.
Het nest van een spotvogel is heel mooi. Beide partners verweven de takken van de struiken en bomen waaraan ze het nest vastmaken, in de wanden van het nest. Die wanden worden bekleed met mos, droog gras, pluisjes, stukjes schors en spinnendraden. Binnenin werkt de spotvogel het nest af met een zacht kommetje van haar en veren.

spotvog

Het goudhaantje is een wondermooi kleinood

Dit is het kleinste vogeltje van Europa. Het weegt amper vijf gram en meet van kop tot staart maar 9 cm.
Vooral de zwarte strepen op de kruin met de gele vlek in het midden vallen op. In de baltstijd – het begin van de voortplantingsperiode, waarin mannetjes vrouwtjes het hof maken – pronkt het mannetje met zijn kleurige kopje bij het

bosmuis

egel

houtduif

wijfje om haar aandacht te trekken.

De roep van het goudhaantje is heel apart. Het is een opeenvolging van scherpe, hoge tonen. De zang is ijl en heel doordringend, en overstemt zelfs het geruis van de wind in de bomen.

Goudhaantjes eten vooral insecten, spinnen en spinneneitjes. Op zijn zoektocht naar voedsel vliegt hij van tak naar tak en klimt hij vaak ondersteboven langs de twijgen.

Houtduiven en holenduiven

Duiven zijn de enige vogels die met hun snavel water kunnen opzuigen en dus echt kunnen drinken. Andere vogels kunnen met hun snavel alleen water opscheppen. Daarna moeten ze hun kop omhooghouden, zodat het water in de slokdarm kan lopen.

Verschillende soorten, zoals de houtduif en de holenduif, zijn typische bosvogels.

De **houtduif** is onze grootste duif. Als je haar hoog in de lucht ziet vliegen, zou je op het eerste gezicht kunnen denken dat ze een roofvogel is. Maar zodra ze beter in beeld komt, zie je algauw aan de witte nekvlek en de witte vleugelstreep dat het een houtduif is. Ook haar geluid valt op. Het is een gedempt koeren, vaak een herhalend 'koe-koe-koe, koe-koe, koe'. Met een beetje fantasie hoor je ze roepen 'doe de deur maar toe, doe de deur maar toe' ...

De **holenduif** is wat kleiner dan de houtduif en ze nestelt in een boomholte in plaats van in een open takkennest.

Egel

Egels zijn insecteneters die hun gebied vooral 's nachts via vaste paadjes doorkruisen. Ze zijn verbazend snel en kunnen zelfs zwemmen. Ze kunnen goed horen en heel goed ruiken met hun altijd natte neusje.

Aan het eind van de zomer trekt de egel zich terug in een nest van bladeren, verstopt in het kreupelhout. Tijdens de winterslaap vertraagt zijn hartslag, zijn ademhaling valt bijna stil en ook zijn lichaamstemperatuur daalt. Pas in de vroege lente, als zijn lichaam langzaam opwarmt, komt hij weer in actie.

Hoe zit dat nu met duivenmelk?

Een duivenmelker, dat kennen we. Maar heb je al van duivenmelk gehoord? Het bestaat. In de krop produceren duiven een eiwitrijke brij waarmee ze hun jongen voeden. Dat is de zogenaamde duivenmelk. Met hun brede, lepelvormige snavel vangen de jongen de brij uit de keel van de oudervogels op.

Park 58 →

Tuinen

Tuinen zijn in het stadsgebied als kleine eilandjes natuur. Als er niet te kwistig met onkruidverdelgers en andere pesticiden wordt omgesprongen en ook spontane begroeiing en dierenleven een kans krijgen, kunnen verbazend veel planten- en diersoorten op zo'n beperkt terrein leven.

Verschillende bloeiende planten kunnen in de regelmatig afgemaaide grasperken overleven omdat ze een aangepaste groeivorm aannemen. Ze vormen een wortelrozet, een krans van bladeren rond de stengel, vlak tegen de grond. Daaruit groeien almaar nieuwe bloeistengels. Zo worden de afgemaaide snel door nieuwe vervangen.

Planten

Boterbloemen zorgen voor een pittig kleurtje in het gras

Boterbloemen danken hun naam aan de boterkleurige en boterachtig glanzende bloemen. Ze vormen een mooi contrast met het groene gras.

Er zijn veel verschillende soorten boterbloemen, maar ze hebben allemaal een bladrozet: op de bloeistengel zitten nog wat kleine blaadjes.

In de tuin vind je vaak de **kruipende boterbloem**. Die wordt zo genoemd omdat ze bovengrondse uitlopers vormt waaruit, op regelmatige afstand van elkaar, nieuwe plantjes groeien. De meeste boterbloemsoorten zijn giftig.

prachtige tuin, oase van rust

Madeliefje of meizoentje

Dit is een van de mooiste en bekendste gazonplanten. Het madeliefje wordt ook wel eens 'meizoentje' genoemd, omdat het in die maand heel opvallend bloeit. Maar eigenlijk duurt het bloeiseizoen bijna het hele jaar door, van februari tot november. De witte bloemen met het gele hartje draaien mee met de zon en sluiten zich 's nachts en bij regenachtig weer. Eigenlijk bestaat het hartje uit talrijke, gele buisbloempjes. De witte krans eromheen is opgebouwd uit smalle witte tot roze lintbloempjes. Een madeliefbloempje bestaat dus eigenlijk uit een verzameling van heel veel buis- en lintbloempjes.

De paardebloem wordt door vele dieren graag gegeten

Deze bloem heeft vele volksnamen. De naam 'pissebloem' verwijst naar de vochtafdrijvende werking van het aftreksel ervan. En de namen 'konijnenbladeren', 'varkensbloem' en 'paardebloem' kreeg de bloem omdat vele dieren ze graag eten.

Ook bij deze plant staan de bladeren in een krans boven aan de lange penwortel. De bloemstengels zijn kaal en hol en bevatten melksap. Als je een bloeiende paardebloem van dichtbij bekijkt, kun je zien dat die éne bloem is samengesteld uit vele aparte bloempjes. In het midden zitten buisvormige bloempjes en daaromheen lintvormige.

Na de bloei veranderen paardebloemen in zilverwitte, donzige bolletjes. Op de plaats van elk bloempje is dan een zaadje gegroeid met een lang dun steeltje, waarop bovenaan een pluizig kransje staat. Dat kransje is eigenlijk een soort parachute. Als de zaadjes rijp zijn, komen ze makkelijk los en verspreiden zich in de lucht. Bij sterke wind kunnen ze heel hoog en wel honderden kilometers ver worden weggeblazen.

Bloemenweide van de burgemeester

Tegenwoordig vind je in de tuincentra zaadmengsels voor bloemenweiden. Die bevatten zaden van enkele tientallen verschillende inheemse planten. Zo kun je een eentonig grasveld of een gewone berm omtoveren in een kleurrijk tapijt van papavers, korenbloemen, klavers, weidegrassen ... Bovendien vormen al die bloemen op hun beurt een rijk gedekte tafel voor vlinders.

De akkers langs de dreef naar burgemeester Lippens' woning vormen zo al verschillende jaren prachtige bloemenweiden.

Dieren

Het boeiende ondergrondse leven van de mol

Mollen leven van regenwormen, insecten en larven. Ze leiden een ondergronds leven in een zelf gegraven, uitgebreid gangenstelsel in een bodem die niet te droog, te nat, te warm of te koud mag zijn. Eigenlijk graven mollen gewoon hun voedsel achterna. En omdat het doen en laten van regenwormen en allerlei larven en insecten afhankelijk is van de temperatuur en het vocht in de grond, wordt het leven van de mol dus geregisseerd door het weer.

Als hij graaft, maakt hij de aarde los met zijn grote voorpoten die een beetje op handen lijken. Met die 'graafschoppen' drukt hij een deel van de aarde stevig tegen de wand van de gang aan en de rest krabt hij met zijn achterpoten naar achteren. De losse aarde werkt hij zo nu en dan omhoog, tot boven de grond. Dat zijn dan de molshopen die je kunt zien.

Met zijn ogen, klein als speldenkoppen, ziet de mol alleen het verschil tussen licht en donker. Maar voelen en horen doet hij des te beter. Op zijn neus, poten en staart zitten tastharen die trillingen opvangen. Met zijn neus kan de mol niet alleen geur, maar ook vochtigheid, luchtdruk en temperatuur waarnemen. Hij kan zich ook uitstekend oriënteren en loopt dus nooit verloren in zijn 'ondergrondse'.

Mollen leven helemaal alleen en zijn bijzonder onverdraagzaam. Als twee mannetjes elkaar ontmoeten komt het meestal tot een gevecht op leven en dood. Zelfs als een mannetje het gangenstelsel van een vrouwtje binnendringt, volgt meestal nog een wild gevecht voor het vrouwtje bereid is tot paren. Een maand later worden twee tot zeven jongen geboren in een nest van gras en bladeren, onder een grote molshoop. Na twee maanden worden de jonge mollen door hun moeder uit haar gebied verjaagd. Ze moeten dan een eigen terrein vinden. Omdat ze nog niet genoeg kracht hebben om in harde grond te graven moeten ze eerst boven de grond op zoek naar een plaats met zachte aarde. Tijdens die eerste ontdekkingstocht komen helaas veel jonge mollen onder de wielen van een auto terecht.

Bijna niemand ziet graag een molshoop verschijnen, maar eigenlijk zijn mollen erg nuttige dieren in de tuin. Ze knabbelen niet aan plantenwortels, tenzij die het spoor van een nieuw gangenstelsel doorkruisen. Bovendien houden mollen de grond luchtig en ze verorberen een hele reeks 'onderkruipers' in de groentetuin, zoals slakken, veenmollen en zelfs woelmuizen.

mol

koolmees

pimpelmees

De huismussen blijven hun nest trouw

Onze doodgewone huismus komt vermoedelijk van ver ... Lang geleden trokken de mensen meestal te paard van de ene streek naar de andere. In paardenmest zitten nog veel onverteerde zaadjes en daar zijn mussen dol op. Vandaar dat ze die rondtrekkende mensen vaak volgden. En zo zijn ze waarschijnlijk uit het oosten bij ons terechtgekomen.

De huismus blijft een bekende verschijning in de stad, in tuinen en op de boerderij. Het mannetje heeft een grijze bovenkop, witte wangen en een zwarte keel. Het vrouwtje is licht en grijsbruin met donkere strepen.

Huismussen zijn standvogels en ze blijven op de plaats waar ze geboren zijn.

Hun nest is niet echt een kunstwerkje. Het is een nogal los en slordig geheel, gemaakt van stro, hooi, papier ...

Ringmus of huismus?

Bij **ringmussen** lijken de vrouwtjes en de mannetjes op het eerste gezicht identiek, terwijl er bij **huismussen** wel een duidelijk verschil is tussen de seksen.

Een mannetjesringmus kun je vooral van een mannetjeshuismus onderscheiden door de zwarte oorvlekken en de witte ring om zijn nek, vandaar zijn naam.

Ringmussen vind je meer in landbouwgebied en aan de bosrand dan in de buurt van mensen. Ze broeden in holle bomen en maken soms ook gebruik van nestkastjes.

Mezen

Mezen zijn vaak in groepjes te zien. ' 's Winters zwerven ze zelfs in gemengde troepjes rond. Het zijn echte acrobaten bij het vergaren van voedsel: dikwijls hangen ze ondersteboven aan takjes om insecten te zoeken. De meeste soorten nestelen in boomholten en in nestkastjes. De koolmees en de wat kleinere pimpelmees behoren tot de bekendste tuin- en parkvogels.

De koolmees, zwart kapje en zwarte band

Typisch voor de koolmees is het zwarte kapje op zijn kop en de zwarte band op zijn gele borst.

De koolmees broedt heel gemakkelijk in een nestkastje. Als je het tijdig ophangt (in de herfst), is de kans groot dat er een koolmees in komt wonen!

Merkwaardig is ook zijn zang. Soms lijkt het geluid op dat van een oude stoomtram, zo van 'tietu tietu tietu'. Dan weer maakt hij het langer en klinkt het als 'tietietietietie'.

De zwarte streep op de borst van de koolmees is een statussymbool. Bij de ene koolmees is die streep breder dan bij de andere. Onderzoek heeft aangetoond dat een brede streep 'gezag' afdwingt. Wanneer twee koolmezen tegelijk op een voederplank neerstrijken, zal de koolmees met de smalste borststreep zich gewonnen moeten geven en verdwijnen.

De pimpelmees, niet altijd zo lief als hij eruitziet!

De pimpelmees is kleiner dan de koolmees. De kap op zijn kopje is helderblauw, zijn wangen zijn wit en zijn rug is groenachtig. Zijn zang wordt wel eens omschreven als 'een zilveren lachje'.

Net als de koolmees maakt hij zijn nest in spleten, holten en nestkastjes. Hij legt zeven tot veertien eitjes, die heel klein zijn en wit van kleur met roestbruine stipjes.

's Winters bakenen pimpelmezen hun leefgebied af voor het nieuwe broedseizoen. Ze verdedigen hun gebied met hand en tand, of beter met klauwende pootjes en pikkende snavels! Soortgenoten worden hardhandig aangepakt. Soms rollebollen ze al vechtend over de grond, wat je van zo'n klein, lief vogeltje niet zou verwachten.

sperwer die tussen de bomen vliegt

De tuinfluiter staat in de top-tien

Deze vogel is ongeveer even groot als een roodborstje, maar hij is onopvallend bruin en grijs en schuw van aard, zodat je hem maar zelden opmerkt in de tuin. Bovendien houdt hij zich het liefst schuil in dicht struikgewas. Wat wel erg opvalt, is zijn lied, dat bestaat uit lange strofen van snelle tonen. Daarmee staat de tuinfluiter in de top-tien van de zangvogels.

sperwer met goudvink als prooi

In het najaar trekt hij weg van hier, naar zijn overwinteringsgebied in tropisch Afrika. In de lente komt hij terug.

De sperwer is een bliksemsnelle, behendige jager

Deze vrij kleine roofvogel heeft afgeronde vleugels en een lange staart. Zijn lichaamsbouw stelt hem in staat zeer behendig en snel tussen de bomen te vliegen. Zo gaat hij flitsend kleine vogels achterna, die hij dan in het struikgewas overrompelt. Sperwers broeden in een takkennest in bossen en struwelen. Zoals bij vele roofvogels is het vrouwtje opvallend groter dan het mannetje. Ze jaagt ook op grotere prooien, zoals lijsters en duiven, terwijl het mannetje vooral mussen en mezen vangt. Uit onderzoek blijkt dat zangvogels het silhouet van een roofvogel erg goed herkennen en er onmiddellijk op reageren. Mezen doen dat bijvoorbeeld met een zeer hoge alarmroep.

vink

Weetjes over vogels: voedermethoden

Vogels die hier van nature 's winters blijven, kunnen normaal voor zichzelf zorgen. Tot in december kunnen ze genoeg vruchten en zaden vinden en treffen ze nog insecten, larven en wormen aan. Omdat de dagen kort zijn, moet hun zoektocht naar voedsel op korte tijd genoeg opleveren. Bij extreme weersomstandigheden, zoals langdurige, hevige vorst of zware sneeuwval, is het voedsel niet meer bereikbaar waardoor de vogels snel verzwakken. Dan kun je ze gerust bijvoederen.

Enkele tips:

- Voeder het liefst 's morgens en met mate. Na een koude nacht kunnen de vogels een stevig ontbijt gebruiken. Te veel restjes trekken ratten en muizen aan.

- Geef geen boter of margarine, want te veel vet werkt laxerend.

- Geef ook water als het vriest. Voeg nooit zout of suiker toe, maar ververs het water geregeld. Leg er een gaas over, zodat de vogels wel kunnen drinken, maar geen bad kunnen nemen.

- Leg het voedsel op een voederplank of op een ruime plek op de grond, buiten het bereik van katten.

- Zaadeters (huismus, vink ..., vogels met een forse kegelvormige snavel) geef je het best granen, maïs, zonnepitten, onkruidzaden, bruin brood.

- Insecteneters (roodborst, winterkoning ... vogels met een fijne priemsnavel) zijn gek op meelwormen, maden, larven en ongekookte havermout.

- Eind februari kun je het bijvoederen maar beter afbouwen. De vogels moeten er dan weer aan wennen zelf hun kostje bij elkaar te zoeken.

Bos

Het Koningsbos is het bekendste bos in Knokke-Heist. Het bevindt zich op een duin die deel uitmaakt van de Blinckaertduinen die in de zeventiende eeuw de kustduinen van Knokke vormden. Om de omliggende landbouwgrond tegen het zand te beschermen, werden de nog stuivende duinen in de tweede helft van de negentiende eeuw door bebossing vastgelegd. In de duinpannen werden populieren aangeplant, op de duinruggen zeedennen. Dat verklaart waarom dit bos in de volksmond "t Sparrenbos' genoemd wordt. In de Tweede Wereldoorlog werden de grootste dennen geveld en gebruikt bij strandverdedigingswerken. Geleidelijk vestigden zich in het bos heel wat inheemse plantensoorten. In de jaren zeventig werd een deel van het bos tot een gemeentebos omgevormd. Het kreeg de naam 'Koningsbos' bij het 25-jarige bewind van koning Boudewijn.

Planten

De zeeden houdt niet van de kou

De zeeden is een boom uit het Middellandse-Zeegebied. Hij is gevoelig voor vorst, maar omdat het aan de kust bijna nooit hard vriest, kan hij er goed gedijen. De grijsgroene naalden staan in groepjes van twee, en worden 15 tot 20 cm lang. De dennenkegels kunnen tot 15 cm groot worden. Deze boom is een snelle groeier en na 30 à 40 jaar geeft hij oogstbaar hout dat vooral voor de papierindustrie wordt gebruikt. In Frankrijk wordt de hars van de zeedennen ook afgetapt voor de productie van terpentijn.

Esdoorn

De esdoorn is een windbestendige soort die het goed doet op zandgrond, als die maar niet te droog is. Deze boom is vooral bekend om de 'vleugeltjes': bij het rijpen splijten de vruchten in twee helften die elk bestaan uit een zaad en een vleugel. Als zo'n gevleugeld zaadje loskomt en naar beneden valt, maakt het draaiende bewegingen zoals de hefschroef van een helikopter.

Als er genoeg wind is, kan het heel ver zweven en grote afstanden overbruggen. Esdoorns verspreiden zich op die wijze met veel succes. Zo is de esdoorn in de bossen van Knokke-Heist opvallend aanwezig. Je kunt hem aantreffen als struik of als boom. Hij wordt maximum 20 m hoog. Het hout van de esdoorn is bruinachtig wit en vertoont vaak een prachtige structuur. De mooiste stukken worden speciaal uitgezocht voor de hals van strijkinstrumenten.

Zomereik

Deze boom groeit bijna overal in Europa, behalve in het uiterste noorden en zuiden. De naam 'zomereik' verwijst naar het feit dat deze boom zijn bladeren alleen in het zomerhalfjaar behoudt. Bij de **wintereik** blijven de verkleurde en verdorde bladeren 's winters nog lange tijd aan de takken zitten.

De eik wordt maximum 25 m hoog en hij kan bijna 2000 jaar oud worden. Het hout van de eik is lichtbruin van kleur en heeft een mooie structuur. Het wordt al eeuwenlang gebruikt voor het maken van schepen, meubels, trappen, draagbalken ...

Dieren

Grote bonte specht

Het zwart-witte verenkleed van deze specht is mooi versierd met een dieprode vlek op het achterhoofd en een al even rood gekleurde onderbuik. Hij hakt met zijn krachtige snavel op het hout en jaagt met het lawaai en de trillingen zijn voedsel, insecten en larven, uit spleten en gaatjes. Zijn snavel is extra stevig en het skelet en de spieren in de kop en de nek hebben een speciale schokdempende bouw. Zo krijgt de specht geen snavelbreuk of hoofdpijn ...

Het boomkruipertje hangt nooit ondersteboven

Eigenlijk is de boomkruiper niet zo'n goede vlieger. Als je goed toekijkt, zie je hoe de boomkruiper met korte rukjes in een spiraal rond de boomstam naar boven kruipt. Zijn sterke, stijve staart gebruikt hij daarbij als steun. Daarna vliegt hij omlaag naar de voet van een andere boom en begint opnieuw. Met zijn lange gekromde pincetvormige snavel haalt hij allerlei spinnen, wespen, kevertjes en andere insecten uit de spleten in de boomschors.

Boomkruipers maken hun nest meestal achter een stuk loshangende schors of in de spleet van een boom. In koude nachten zoeken ze elkaars gezelschap soms op om zich te verwarmen.

zo verplaatst de boomkruiper zich als hij voedsel zoekt

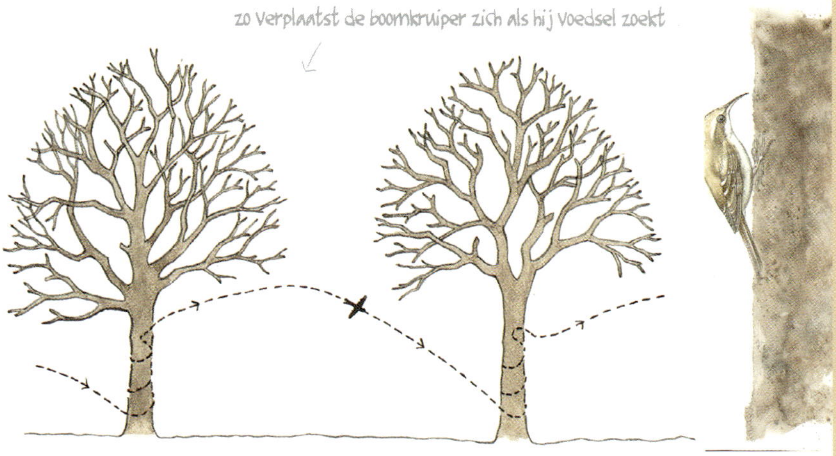

Ook de tjiftjaf heeft zijn naam niet gestolen

Waarschijnlijk hebben maar weinig mensen ooit een tjiftjaf gezien, maar velen hebben hem ongetwijfeld al gehoord. Hij zingt immers zijn eigen naam. En eens je dat geluid gehoord hebt, kun je het nooit meer vergeten.

De tjiftjaf is een olijfgroen, klein, slank, beweeglijk zangvogeltje. Het is een trekvogel die als een van de eerste in het vroege voorjaar terugkomt. Hij maakt zijn nest zowel op de grond als net erboven, goed verstopt in dichte struiken.

De Vlaamse gaai waarschuwt het hele bos

Met zijn rossig gekleurde lijf en zijn mooie, lichtblauwe vleugelvlek, is de Vlaamse gaai het kleurrijkste lid van de kraaienfamilie. Als hij opgewonden is, richt deze vogel zijn kruinveren als een kuif op en begint lawaaierig te krijsen. Hij is dan ook niet erg geliefd bij jagers. Zijn rauwe, doordringende roep waarschuwt immers meteen alle dieren voor elke vreemde indringer in het gebied. Hij voelt zich vooral thuis in bossen en in tuinen waar genoeg volgroeide bomen staan.

De Vlaamse gaai staat bekend als een rover die eieren en nestjongen van zangvogels pakt. Maar uit onderzoek blijkt dat hij eigenlijk het grootste deel van het jaar eikels eet. In het najaar verstoppen Vlaamse gaaien duizenden eikels die ze tijdens de winter feilloos weten terug te vinden. Ze schakelen wél over op dierlijk voedsel als ze hun jongen voederen, in mei en juni. Ze eten dan eieren, jonge vogels en muizen, kevers, vliegen, vlinders, wantsen, spinnen, poppen, larven ... Het dierlijke voedsel bevat veel eiwitten die broodnodig zijn tijdens de snelle groei van de jongen.

grote bonte specht

tjiftjaf

Vlaamse gaai

Golf

Het golfterrein werd meer dan honderd jaar geleden aangelegd op oude, begroeide duinen. Struiken, boomgroepen en stukjes grasland wisselen elkaar in het glooiende landschap af en vormen voor het golfspel belangrijke oriëntatiepunten. Het typische, nauwgezette onderhoud van het terrein heeft ervoor gezorgd dat de verschillende begroeiingen, waaronder ook zeldzame planten, zich konden vestigen en er zich ook konden handhaven. Al die planten bieden op hun beurt voedsel, beschutting en nestgelegenheid aan dieren. Natuurbeheer streeft ook een zo groot mogelijke variatie na in terreinstructuur, planten en dieren. Zo gaan golfsport en natuurbeheer hand in hand.

Het terrein van de Royal Zoute Golf Club in Knokke, dat wereldwijd als één van de allermooiste wordt beschouwd, is een goed voorbeeld van die positieve wisselwerking. Ongeveer de helft van de totale oppervlakte (68 ha) bestaat uit 'zones buiten spel' voor de golfer. Die zones vormen een variatie van bos, struikgewas, stuifduinen, droge graslanden en vochtige duinvalleien.

Planten

De gewone vleugeltjesbloem tooit zich in vele verschillende kleuren

De gewone vleugeltjesbloem groeit in duinen, op open plaatsen in bossen, langs zandwegen en op kalkgraslanden. Het plantje bloeit in het begin van de zomer en heeft merkwaardig gevormde bloempjes. Twee van de vijf kelkblaadjes zijn erg groot en hebben dezelfde kleur als de kroonblaadjes – dat zijn de 'vleugels' waaraan het plantje zijn naam dankt. De kleur van de bloemen kan variëren, van bijna wit tot purperroze of indigoblauw, zelfs op dezelfde groeiplaats. De bestuiving gebeurt gewoonlijk door insecten. En soms vindt zelfbestuiving plaats.

Grote tijm geurt heerlijk

De grote tijm wordt tot 60 cm hoog. Het is een tijmsoort die vooral voorkomt in duingrasland.

De naam 'tijm' komt van 'thymos' wat 'parfumeren' betekent. Alle tijmsoorten hebben immers een sterke geur. Tijm wordt sinds mensenheugenis als keukenkruid gebruikt, én als 'vrouwenkruid'. Tijmthee zou de menstruatie bevorderen en verzachten en wordt ook aan barende vrouwen gegeven.

De plant bloeit van juni tot oktober. De lilakleurige bloempjes trekken veel bijen aan.

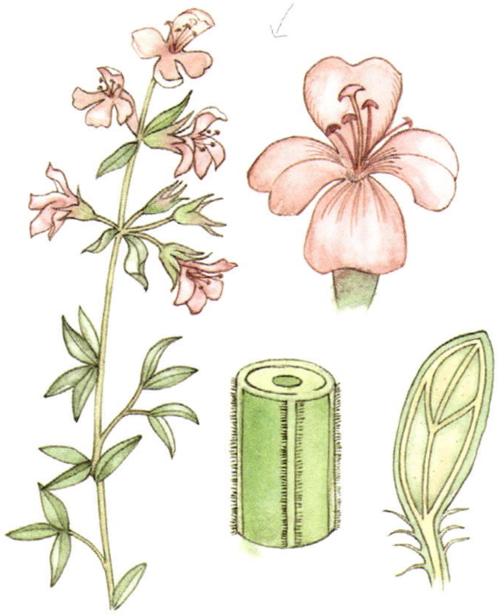

golfterrein

De blauwe zeedistel is geen distel

Het is een stevige plant met stekelige bladeren. Hij kan tot 90 cm hoog worden en bloeit van juli tot september. Meestal vind je hem op open, stuivend, kalkrijk duinzand, meer bepaald aan de zeereep. Maar soms zie je hem ook in meer landinwaarts gelegen duinen, zoals op het golfterrein. De blauwe zeedistel is geen echte distel. Alle andere distels zijn immers **samengesteldbloemigen**, zoals de paardebloem. De blauwe zeedistel is echter een **schermbloemige**. Het waslaagje dat de plant tegen uitdrogen beschermt, geeft de bladeren de typisch blauwgroene kleur.

Dieren

De witte kwikstaart of het 'paardenwachtertje'

Er is waarschijnlijk geen enkele andere vogel die meer volksnamen heeft dan de witte kwikstaart. De namen verschillen van streek tot streek: 'paardenwachtertje', 'champetter', 'garde', 'pietje kwik' ...

Zijn vederkleed is een mengeling van wit, grijs en zwart. Hij is lang en slank en heeft een opvallend lange staart waarmee hij voortdurend op en neer wipt. Vroeger, toen de boer nog met ploeg en paard zijn land omploegde, was dit vogeltje een trouwe gezel die het ploegenspoor volgde op zoek naar allerlei insecten en wormpjes uit de vers omgewoelde aarde. Nu kun je hem op grasperken zien of in weiden bij koeien of paarden, druk rondrennend op zoek naar opgeschrikte insecten – vandaar de naam 'paardenwachtertje'.

De braamsluiper: een merkwaardige zanger

De braamsluiper is fijn gebouwd en nog kleiner dan een koolmees. Zijn rug is bruingrijs, zijn vleugels donkerbruin en zijn keel wit.

Hij verblijft vooral in dichte begroeiing en speurt er naar rupsen, motten, mieren, bladluizen, spinnen. Zijn zang is heel merkwaardig en bestaat uit twee delen: een eerste deel dat heel zacht is, gevolgd door een snelle, ratelende hoofdzang, die als 'tsitsitsitsi' klinkt.

De braamsluiper houdt van een mooie ouderwetse haag, zo een die zo hoog is als een kleine boom en zo dik als een versterkte muur. Daarin kan hij zich immers goed verstoppen. In het nest van takjes, gras en haren legt het vrouwtje meestal 4 à 6 eitjes.

De Turkse tortel broedde in Vlaanderen voor het eerst in de Zwinnebosjes!

In de twintigste eeuw verspreidde de Turkse tortel zich van Zuid-Oost-Europa over het hele continent en in 1952 werd hij voor het eerst waargenomen in Vlaanderen. De tortel broedde hier de allereerste keer in de Zwinnebosjes. Sindsdien is deze mooie en elegante duif een vrij algemene verschijning in onze streken.

De kneu of het 'robijntje'

De kneu is een kleine vinkensoort die vooral te vinden is in bosjes en struiken in de duinen en het Zwin. Het mannetje heeft een robijnrood voorhoofd en borstje. Dat bezorgde hem de bijnaam 'robijntje'. Ook opvallend, zowel bij het mannetje als bij het vrouwtje, is de gevorkte staart.

In het schorrengebied van het Zwin genieten kneutjes in het najaar van de zaadjes van het lamsoor. Vaak zitten ze boven in een struik of op een hek om, heel muzikaal, tegen zichzelf te kwetteren.

Het nestje wordt door het vrouwtje gebouwd, meestal laag in dichte begroeiing. Het bestaat uit grashalmen, stengels, worteltjes, plantenvezels, wol en haar. Zodra de jongen het nest verlaten, bouwt het vrouwtje elders alweer een nieuw nest.

kwikstaart

Turkse tortel

kneu

De polders

De landbouw is geëvolueerd

Landbouw neemt in Knokke-Heist een belangrijke plaats in. Vijfenzestig procent van het grondgebied bestaat uit boerderijen, weilanden en akkers. Maar de tijden zijn veranderd, en de landbouwbedrijven dus ook. Vroeger werd de grootte van een bedrijf uitgedrukt in het aantal paarden, nu in het aantal hectaren. De binnenplaats was niet verhard, nu is die meestal volledig geasfalteerd. Het duurde een maand om de oogst binnen te halen, nu gebeurt dat in één week ... Niet alleen de landbouwmachines worden almaar groter, ook de boerderijen zelf breiden voortdurend uit. Het zijn er veel minder dan vroeger, maar ze zijn wel groter. Ook in Knokke-Heist zijn de voorbije decennia heel wat boeren met hun bedrijf gestopt. Hun land is overgenomen door de boeren die nu nog actief zijn.

Polders: land gewonnen op de zee

Polders zijn gronden die de mensen lang geleden op de zee hebben gewonnen door schorren in te dijken. De bodem bestaat hoofdzakelijk uit kleideeltjes. Omdat zo'n bodem veel voedingsstoffen en water kan vasthouden, is het over het algemeen goede, vruchtbare grond. Maar de klei maakt de grond ook zwaar en de gewassen groeien langzamer door die weerstand. Poldergrond is dan ook niet geschikt voor alle teelten. De bodem leent zich bijvoorbeeld niet voor groenten, omdat die in de kleverige kleibodem helemaal vuil worden. De poldergrond wordt meestal bewerkt als akkerland, voor bijvoorbeeld wintertarwe en aardappelen.

Op de zandgronden in Knokke-Heist laten de boeren dieren weiden. Soms dienen die gronden als hooiland, of ze worden bemest voor tuinbouw om er groenten op te telen, zoals erwten.

Akkers en weiden

vezelvlas

Planten

Tarwe

Als het graan in de herfst wordt gezaaid, overwintert het als een klein plantje. In de lente groeit de halm weer voluit; één wortel brengt meerdere halmen voort. In mei ontstaan de aren, die na enkele weken tot bloei komen. De wind verspreidt de stuifmeelkorrels uit de mannelijke bloempjes over het veld en die bestuiven de vrouwelijke bloempjes. Dan vindt de bevruchting plaats en vormen er zich graankorrels. Als het graan in augustus rijp is, wordt het met een gigantische machine, de maaidorser, geoogst. Die machine maait het graan, dorst het (maakt de korrels van de aren los), slaat de graankorrels op in een tank, en verwerkt het stro. De wintertarwe in Knokke-Heist is zacht en bijzonder meelrijk, en wordt vooral als veevoeder gebruikt.

Zomergerst

Dit graan wordt geteeld als runder- en varkensvoeder. Je kunt het makkelijk van tarwe onderscheiden. Zomergerst heeft immers lange, dunne en sierlijke kafnaalden die boven de aar uitsteken, terwijl tarwe maar heel korte kafnaaldjes heeft.

Vezelvlas

Vezelvlas wordt in maart gezaaid. Tegen juni tooien de vele frêle bloempjes de 'vlasschaards' in het blauw. Begin augustus wordt het vlas gemaaid en dan blijft het enkele weken op de akkers liggen drogen. Half augustus wordt het in balen geperst. Van vezelvlas worden linnen platen en houtvezelplaten gemaakt. Het zaad, lijnzaad, wordt als zaaigoed of veevoeder gebruikt. Of er wordt lijnolie uit gewonnen.

zomergerst

Ui

De ui hoort thuis in de familie van de lelieachtigen. Het is een heel oud gewas dat eigenlijk uit Iran komt en dat al bij de Egyptenaren bekend was. Uien groeien in de zware poldergrond uit tot stevige bolgewassen van prima kwaliteit.

De uien worden geoogst van half augustus tot half september. De uien die in Knokke-Heist worden geteeld, worden vooral uitgevoerd naar Nederland.

tarwe

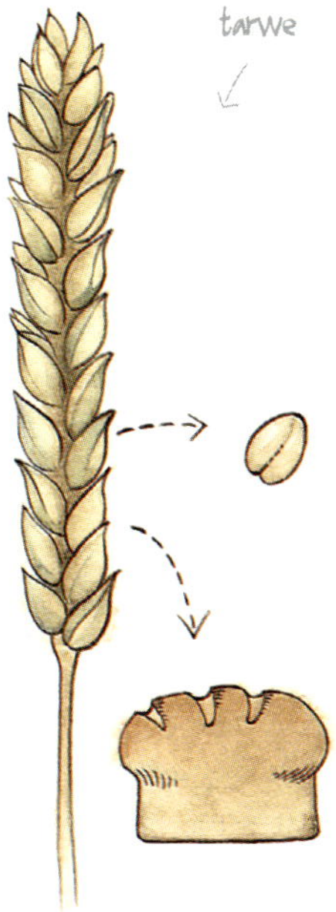

tarweveld

geoogste bieten

gewas en geneeskrachtig kruid geteeld, maar later ook als voedsel, vooral omdat er veel vitamine C in zit.

Een vijfde van het akkerland in Knokke-Heist wordt gebruikt voor de aardappelteelt. Het grootste deel van de aardappelen die hier worden gekweekt, gaat naar Nederland, waar het tot chips wordt verwerkt. Een ander deel dient als frietaardappelen en kookaardappelen.

Boomgaarden met zoete kersen

In Knokke-Heist vind je verschillende grote boomgaarden met kersen. In het voorjaar zijn de bomen getooid met een overweldigende bloemenpracht. Als het weer in die periode zacht en droog blijft, zorgen bijen en hommels voor een goede bestuiving en mogen de telers een rijke oogst verwachten. Maar sommige jaren valt de bloeitijd net samen met een heel regenachtige periode, of zorgen enkele dagen met hevige vorst voor veel schade.

Enkele weken nadat de bloemen uitgebloeid zijn, verschijnen de kersen – eerst nog klein en onopvallend groen. Later in de zomer kleuren ze rood tot dieprood en kunnen ze geplukt worden.

Suikerbiet

Samen met wintertarwe nemen voederen suikerbieten een derde in van de volledige oppervlakte landbouwgrond in Knokke-Heist. Daarbij is de suikerbiet financieel gezien de belangrijkste teelt. Suikerbieten worden eind maart gezaaid en ze kunnen vanaf september worden gerooid. Dan worden ze naar de suikerfabriek gevoerd, waar ze in stukken worden gehakt en tot pulp geperst. Die pulp wordt gebruikt als veevoeder. Het sap wordt verwerkt, geraffineerd en gebleekt om er suiker van te maken. Suikerbiet zorgt voor ongeveer veertig procent van alle suiker in de wereld. De plant wordt vooral verbouwd in gebieden met een gematigd klimaat, zoals ons land.

Aardappelen

Deze plant stamt uit het Andesgebergte. De knollen worden al duizenden jaren door de indianen als voedsel gebruikt. Na de ontdekking van Amerika, kwam de aardappel ook in Europa terecht. In het begin werd hij enkel als sier-

suikerbiet

boomgaard

Dieren

Boerenzwaluw

Boerenzwaluwen zijn de meest voorkomende zwaluwen in ons land. Ze zijn vooral bekend om hun jaarlijkse trektocht. Bij ons brengen ze de zomermaanden door en ze brengen hier ook hun jongen groot, maar vanaf augustus trekken ze alweer weg naar Afrika om daar te overwinteren. De afstand België – Zuid-Afrika en terug is ongeveer 18.000 km! Onvoorstelbaar hoe zo'n kleine vogel het klaarspeelt om die te overbruggen.

De eerste zwaluwen zoeken hun vertrouwde broedplaats weer op in maart, maar de meeste komen pas in april terug. Tijdens de trektocht lopen de zwaluwen heel wat gevaar. Slechte weersomstandigheden, zoals regen of zandstormen, kunnen de vogels uitputten en fataal worden. Ze kunnen ten prooi vallen aan roofvogels als ze de Middellandse Zee oversteken. Of ze kunnen het slachtoffer worden van jagers in Spanje of Frankrijk, die hen opwachten bij hun slaapplaatsen of wanneer ze in grote concentraties bergpassen oversteken.

Boerenzwaluwen nestelen het liefst in een landelijke omgeving met stallen en boerderijen. De aanwezigheid van koeien en paarden is voor hen immers erg belangrijk, omdat die dieren allerlei vliegende insecten aantrekken, waar de zwaluwen met een ongelooflijke behendigheid jacht op maken. Schaalvergroting in de landbouw, het afsluiten van stallen en de strengere hygiënische normen zijn mogelijke redenen voor de achteruitgang van de boerenzwaluw. De gemeente Knokke-Heist voert een campagne om het aantal bewoonde zwaluwnesten te behouden.

Spreeuw

Spreeuwen zijn sociale, praatzieke en levenslustige vogels die zich in de herfst en de winter in grote groepen verzamelen en dan enorme 'spreeuwenwolken' vormen.

Deze vogels kunnen heel nuttig zijn, omdat ze veel insecten eten, die voor land- en bosbouw schadelijk zijn. Maar ze kunnen bij fruitkwekers ook heel wat schade aanrichten, omdat ze verzot zijn op vruchten.

trekroute van de boerenzwaluw

Fazant

De fazant is hier lang geleden ingevoerd door de mens. Oorspronkelijk komt hij uit Azië.

Er is een groot verschil tussen het mannetje en het vrouwtje. Het mannetje valt vooral op door zijn felle kleuren en zijn lange staart. Het vrouwtje daarentegen heeft een onopvallend geelbruin verenkleed en een kortere staart. Dat camouflagekleed is voor haar van levensbelang als ze stil op de grond zit te broeden.

Als een fazantennest in gevaar is, doet de hen alsof ze gewond is en leidt zo de vijand af. Ze rent namelijk met een slepende vleugel van het nest vandaan. Ook als de jongen nog klein zijn, doet ze dat. Die sluipen dan stilletjes uit het nest en verschuilen zich onopvallend in de struiken, waar ze doodstil blijven zitten. Hun kleur steekt nauwelijks af tegen de achtergrond.

een boerenzwaluw voert zijn hongerig kroost

Patrijs

De patrijs is eigenlijk een vogel die thuishoort in het oude, kleinschalige landbouwgebied met een lappendeken van velden, akkers en heggen. In de uitgestrekte graanakkers van nu voelt hij zich minder thuis. Hij beweegt zich nerveus en waakzaam door de velden, waarbij hij geregeld even stilhoudt om zijn kop op te steken en rond te kijken naar eventuele belagers. Bij gevaar drukt hij zich tegen de grond of loopt hij snel weg. Patrijzen maken zich zelden vliegend uit de voeten.

Er is weinig verschil tussen het mannetje en het vrouwtje. De hoofdkleur is bruin met dwarse strepen. Patrijzen maken hun nest op de grond, goed verscholen in het struikgewas. Meestal leggen ze tien à twintig eieren. Buiten de broedtijd trekken ze rond in kleine groepen.

Kerkuil

De kerkuil is ongeveer 30 cm groot en heeft een vleugelspanwijdte van bijna 1 m. De bovenzijde van zijn verenkleed is goudbruin tot leigrijs met witte spikkels. De onderzijde varieert van roestbruin tot wit. De kerkuil heeft een heel typisch hartvormig wit gezicht, waarin de donkere ogen recht naar voren kijken. Met zijn perfecte gehoor, zijn uitzonderlijke gezichtsvermogen en geluidloze vlucht is de kerkuil een doeltreffende nachtelijke jager. Hij voedt zich met kleine prooien: spitsmuizen, bosmuizen, woelmuizen, en soms ook wel eens een vogel.

Vroeger was de kerkuil vrij talrijk aanwezig in het kleinschalige boerenlandschap met zijn knotwilgenrijen, houtwallen, weilanden en akkers. Maar door schaalvergroting, nieuwe landbouwmethoden en het afsluiten van kerktorens en andere gebouwen om verwilderde duiven te weren, gaat het nu niet meer zo goed met hem. Ook het verkeer eist zijn tol. Kerkuilen jagen immers graag langs de muizenrijke wegbermen en worden vaak gegrepen als ze laag over de rijweg vliegen.

De 'kerkuilenwerkgroep' wil de laatste broedplaatsen beschermen en nieuwe creëren door nestkasten te plaatsen. In Knokke-Heist broeden er nog een viertal paartjes kerkuilen.

fazantenhaan

patrijs

fazantenhen

kerkuil

grutto

bruine kiekendief

veldleeuwerik

buizerd

De grutto is een echte weidevogel

De grutto is ongetwijfeld een van de grootste en mooiste steltlopers van Europa.

Steltlopers of waadvogels hebben fijne, lange poten, waarmee ze door het water lopen. Hun snavels variëren van kort tot heel lang en ze kunnen recht zijn, omlaag of omhoog gebogen.

De grutto zit graag op de uitkijk op weidepaaltjes. Hij broedt bij voorkeur in natte weilanden. Dat maakt hem wel bijzonder kwetsbaar, want hij wordt gemakkelijk verrast door plotselinge overstromingen.

Deze vogel heeft een opmerkelijk baltsgedrag. Het mannetje vliegt tot wel 50 m hoog, cirkelt dan met gespreide staart en langzame vleugelslagen boven zijn nestgebied en slaakt luide kreten. Als hij neerstrijkt, houdt hij zijn vleugels opgeheven en zijn staart gespreid zodat de witte tekening duidelijk zichtbaar is.

De bruine kiekendief houdt van een strikte taakverdeling

Kiekendieven vliegen meestal laag over de grond. Ze hebben lange, smalle vleugels en een lange staart. Ze zijn ongeveer even groot als een buizerd. De grootste en de zwaarste kiekendief is wel de **bruine kiekendief**. Het mannetje heeft grijze vleugels, een roodbruin lichaam en zwarte vleugeltoppen. Het vrouwtje is donkerbruin en heeft een lichtgele kop.

De bruine kiekendief jaagt vooral op muizen, jongen van watervogels en andere kleine prooien. Bij een koppeltje bruine kiekendieven zijn er duidelijke afspraken over de taakverdeling. Het nest bouwt het vrouwtje soms alleen, soms doen het mannetje en het vrouwtje dat samen. Maar verder heeft elke partner zijn taak. Zo zal het vrouwtje de eieren uitbroeden en de jongen voederen, terwijl het mannetje voedsel zoekt.

Die taakverdeling is zo strikt dat, als het vrouwtje sterft, de jongen geen voedsel meer krijgen en doodgaan. Het mannetje haalt wel voedsel, maar hij maakt het niet kleiner en verdeelt het niet onder de jongen.

De veldleeuwerik zingt vanaf grote hoogte

De veldleeuwerik is de typische leeuwerik van het boerenland, de heide en de schorrengebieden. Als hij vliegt, vallen vooral zijn korte hoekige staart en de witte rand aan zijn vleugels op. Qua grootte houdt hij ongeveer het midden tussen een spreeuw en een lijster. Het aantal veldleeuweriken is de laatste jaren over het algemeen sterk verminderd. Maar in de Zwinstreek houdt hij gelukkig vrij goed stand.

De veldleeuwerik vertoont een heel merkwaardig gedrag. Hij stijgt hoog in de lucht waar hij 'biddend', dus terwijl hij ter plaatse blijft hangen, uit volle borst zingt. Zo bakent hij zijn leefgebied af. Soms stijgt hij zo hoog dat je hem wel hoort, maar lang de lucht moet afzoeken voor je hem vindt.

Na een tijdje volgt een schouwspel dat je zeker al eens hebt gezien. Als de veldleeuwerik een tijdje gezongen heeft, wordt hij plots stil en laat zich als een steen naar beneden vallen. Je denkt dat hij te pletter valt, maar nee, vlak boven de grond remt hij opeens af en maakt een zachte landing.

ooievaars zoeken stapvoets hun voedsel

De buizerd is een perfecte zwever

De buizerd zit vaak urenlang op de uitkijk in een boom of op een weidepaal. Als hij een prooi heeft ontdekt, zeilt hij snel naar beneden en probeert hem in een korte, overrompelende beweging te grijpen. Zijn favoriete hapjes zijn muizen, maar hij lust ook vogels, kleine zoogdieren, kikkers en zelfs aas.

Hij komt vooral voor in landelijk gebied, bij bossen, weilanden en akkers. Als het zonnig is, kan hij lange tijd met wijd gespreide vleugels op de opstijgende warme lucht rondcirkelen, terwijl hij het terrein afspeurt. Tijdens zijn zweefvlucht roept hij voortdurend 'pie-joew', een roep die wel eens doet denken aan het gekrijs van meeuwen. De kleuren van de buizerd variëren, vooral aan de onderzijde, van bijna wit tot bruin-en-witgevlekt.

Ook de ooievaar houdt van zweven

De ooievaar is een opvallende verschijning in het polderlandschap. Vaak kun je ooievaars in groepjes voedsel zien zoeken in de weilanden. Ze stappen er parmantig door het gras, terwijl ze voortdurend scherp uitkijken naar alles wat kruipt of springt. In een flits happen ze toe en zo vangen ze heel wat verschillende prooidieren, zoals regenwormen, muizen, kevers en sprinkhanen. Ook zie je ze soms in het tractorspoor achter een ploegende boer stappen om allerlei kleine dieren die naar boven gekomen zijn, op te pikken.

Bij mooi en zonnig weer maken ze, zoals een zweefvliegtuig, gebruik van thermiek. Door de zon warmt de bodem op en daardoor ook de luchtlaag die er net boven hangt. Warme lucht is licht en stijgt. Ooievaars gebruiken zulke opstijgende luchtlagen om zich op hun brede, lange vleugels moeiteloos naar boven te laten zweven. Om in de 'luchtbel' te blijven, cirkelen ze in het rond. Zo kunnen ze wel 800 m stijgen. Dan verlaten ze de bel en zweven zachtjes naar omlaag, tot ze een andere warme luchtlaag vinden. Op die manier kunnen ze honderden kilometers afleggen zonder al te veel moeite.

de vleugelwijdte van de ooievaar is ongeveer 2 m

De ooievaars die je in Knokke-Heist ziet, maken deel uit van een vrij levende kolonie in het Zwin, die graaf Leon Lippens in de jaren zestig opstartte. In het vogelpark vind je een twintigtal nesten. De meeste zijn gebouwd in de toppen van de zeedennen, maar er zijn er ook een paar op het dak en de schoorstenen van de koninklijke villa. Vanaf eind februari nemen de ooievaars hun nesten weer in. Ze bouwen en verbouwen wat en leggen eind maart een vijftal eieren. Na een maand komen die uit en twee maanden later beginnen de jongen hun vlieglessen, zodat ze goed geoefend zijn om half augustus op de trek te kunnen gaan.

zo maakt een ooievaar gebruik van opstijgende warme luchtlagen

rotgans

Nijlgans

grauwe gans

Ganzen zijn niet overal even welkom

De polders aan de oostkust staan bekend om de grote groepen ganzen die er overwinteren. Voor sommige soorten wilde ganzen zijn de kustpolders van levensbelang. Daarom worden ze er beschermd.

De ganzen voeden zich op de akkers met restjes van aardappelen en bieten. Maar ze eten ook wintertarwe. En dat kan heel wat schade veroorzaken, niet alleen omdat ze jonge gewassen opeten, maar ook omdat ze veel plantjes vertrappelen. Die proberen zich telkens weer te herstellen, maar als ze twee keer zijn afgegeten, verliezen ze hun weerstand tegen vorst.

Ook in Knokke-Heist pleisteren er 's winters verschillende soorten ganzen op akkers en weiden. De laatste jaren zie je meer en meer verwilderde ganzen die bij privé-kwekers ontsnapt zijn, kleine groepjes hebben gevormd en zich in de natuur hebben voortgeplant. Vaak gaat het om soorten die hier niet thuishoren. Ze veroorzaken niet alleen schade aan de jonge gewassen op de akkers, maar vormen door hun dominante, agressieve gedrag ook een bedreiging voor talrijke inheemse vogelsoorten.

Over wilde, verwilderde en exotische ganzen

Er zijn drie groepen ganzen: de wilde, inheemse trekvogels, de inheemse soorten waarvan zowel wilde als 'verwilderde' exemplaren voorkomen, en de uitheemse verwilderde soorten, ook wel 'exoten' genoemd. 'Verwilderde' ganzen zijn gekweekte vogels die gewild of ongewild zijn vrijgelaten en die in de vrije natuur leven. Meestal blijven ze wel in een bepaald gebied.

De rietgans

Tot de eerste groep behoren de rietganzen. In het najaar trekken deze vogels vanuit hun broedgebieden bij de Noordelijke IJszee naar onze streken. Voor de **kleine rietgans**, die van Spitsbergen, een eiland ten noorden van Scandinavië, komt, zijn de polders aan de oostkust van levensbelang. Bijna de hele populatie – veertigduizend vogels! – komt hier overwinteren. De **gewone rietgans** komt alleen in kleinere groepjes naar hier.

Een andere soort uit het hoge noorden is de **kolgans**. Zowat dertigduizend vogels van die soort verblijven 's winters in onze polders. Typisch voor de volwassen vogels zijn de witte band aan de snavelbasis en de zwarte strepen op de buik. In de winter overnachten duizenden kolganzen op de plassen in het veilige Zwin, buiten het bereik van de vossen.

kolgans

rietgans

kleine rietgans

De grauwe gans

De grauwe gans verblijft het hele jaar door in onze polders. Grauwe ganzen zijn nazaten van een groep ganzen die in de jaren zestig door graaf Leon Lippens in het Zwin werd uitgezet. Die ganzen vermengden zich met wilde grauwe ganzen die 's winters hier in de streek komen pleisteren. Het gaat dus om een ganzensoort waarvan zowel verwilderde exemplaren opduiken als wilde, inheemse individuen.

De brandgans

Een ander voorbeeld van zo'n soort is de brandgans. In heel strenge winters trekt deze soort vanuit de Scandinavische broedgebieden naar onze streken. Gewoonlijk overwintert ze op de waddeneilanden of hooguit in Zeeland. Maar er zwerft ook een groep van enkele honderden verwilderde brandganzen rond, die soms midden in de zomer in de polders en het Zwin neerstrijkt.

De exoten

De **Canadese gans** is dan weer een ander geval. Deze exotische soort is vrij populair bij liefhebbers van watervogels. Doordat deze vogels soms ontsnapten, is er de laatste jaren een grote toename van de soort. Ook de **Afrikaanse nijlgans**, de **Zuid-Amerikaanse Magelhaengans** en de **Indische strepengans** komen meer en meer voor.

In overleg met de Vlaamse Overheid zoeken natuurbeschermers, boeren, jagers en gemeentebesturen oplossingen om het probleem van verwilderde ganzen in te dijken.

koe en stier van het Wit-Blauwras

Limousinkoeien

Hollands Zwartbont-Holsteinkoe

kip

Runderen

Het vee in Knokke-Heist behoort tot de wereldtop. Er worden drie belangrijke runderrassen gehouden.

Het Wit-Blauw van België is een ras dat zozeer op vleesproductie is gericht dat de kalfjes bij de geboorte al te zwaar zijn om gewoon te worden geboren. Ze worden sowieso met een keizersnede ter wereld gebracht.

Limousin is ook een vleesras, maar deze dieren zijn minder zwaar en ze kalven daardoor gemakkelijker.

En dan is er nog het **Hollands Zwartbont-Holstein**, een melkras.

De runderen worden gevoederd met weidegras, wintertarwe, gerst, maïs, voederbieten en bietenpulp.

Paarden, varkens en schapen

Op de weiden lopen er ook paarden, die voornamelijk voor de maneges worden gehouden. Hun voeding bestaat uit weidegras, haver en voederbieten. In Knokke-Heist worden, in vergelijking met de omliggende gemeenten, maar weinig varkens gehouden. Ze krijgen een menu van gekookte aardappelen, tarwe en krachtvoeder. Er zijn wel nogal wat schapen. Vooral de kruising van **Texel** met **Bleu du Maine** komt voor. Die schapen worden gekweekt voor het vlees en de vraag ernaar stijgt nog altijd omdat schapenvlees meer en meer in trek is. In de zomer is weidegras het voornaamste voedsel voor de schapen, en in de winter staan maïs en hooi op het menu.

schapen van het ras Texel x Bleu du Maine

Pluimvee

In Knokke-Heist worden er maar weinig kippen gekweekt. Natuurlijk lopen er wel heel wat rond bij mensen thuis. En die hebben de laatste jaren voor hun kippen, watervogels en ander pluimvee gesloten rennen moeten maken, omdat de streek meer en meer onveilig gemaakt wordt door vossen.

En de vos preekt de passie ... ook in Knokke-Heist

Vossen kun je terecht 'cultuurvolgers' noemen. Ook in Knokke-Heist duiken ze de laatste jaren steeds meer op en ze worden hoe langer hoe stoutmoediger. Soms kun je ze zelfs bij klaarlichte dag in de buurt van huizen zien. In natuurgebieden met veel op de grond broedende vogels – zoals steltlopers, eenden en meeuwen in het Zwin – vormen de vossen een groot probleem. Natuurlijke barrières, zoals diepe watergrachten, kunnen op langere termijn helpen.

Een jaar uit het leven van de vos

's Winters is het 'ranstijd' (paartijd): onder luid geblaf en gekef vormen zich paartjes voor het nieuwe voortplantingsseizoen. De rekel (het mannetje) volgt het moertje (het vrouwtje) wekenlang, tot ze tot paren bereid is.
De vossen graven zelf een hol of gebruiken een deel van een bestaande konijnenburcht. In de vroege lente worden de jongen geboren. De rekel helpt bij het grootbrengen van zijn jongen en draagt voor het moertje en de jongen prooidieren naar het hol.
Na twee maanden verkennen de jonge vossen de omgeving buiten het hol. Tijdens hun spelletjes leren ze allerlei gedragsregels om later te kunnen overleven. Tegen het eind van de herfst verjagen de ouders hun jongen. Die moeten dan zelf een nieuw woongebied zoeken.

vos

De knotwilg

Wat leeft er allemaal in en op een knotwilg?

De knotwilg groeit uitstekend op de meest vochtige plaatsen en hij kan gemakkelijk worden geteeld, namelijk gewoon door een gesnoeide tak in de grond te stoppen. De takken worden als geriefhout gebruikt, bijvoorbeeld voor reparaties aan het hekwerk – vandaar ook de typische, afgeknotte vorm van de knotwilg. Tot het begin van de vorige eeuw werden jonge twijgen als veevoeder gebruikt en ze dienen ook nu nog voor allerlei vlechtwerk. Afhankelijk van de dikte van het hout wordt het ook gebruikt om er stelen, bonenstaken, klompen en brandhout van te maken. Maar knotwilgen leveren niet alleen hout. Ze bieden ook beschutting tegen felle zon en regen en de wortels verstevigen weg- en slootkanten. Een knotwilg is dan ook een erg praktische en nuttige boom. En hij heeft heel wat te bieden aan de natuur.

Door de takken regelmatig, bijvoorbeeld om de drie jaar, te kappen op een bepaalde hoogte boven de grond, ontstaan er op het eind van de stam grote takstompen van waaruit telkens weer nieuwe takken ontspruiten. Tussen die stompen blijft regenwater staan, waardoor het zachte wilgenhout gemakkelijk wegrot. Daardoor wordt de stam geleidelijk aan hol. Alleen het jonge hout en de bast in de buitenkant blijven leven en je krijgt fraaie, holle stammen, boordevol leven.

Vele planten gebruiken de knoesten als groeiplaats. Omdat het vermolmde hout arm is aan voedingsstoffen, ontkiemen er eerst soorten uit voedselarme milieus, zoals de **eikvaren**. Geleidelijk aan hoopt zich tussen de stompen en de takken humus op van afgestorven bladeren en planten die zich op de knoest hebben gevestigd. Die voedselrijke, vochtige plekjes zijn een uitstekende

een vlierstruik groeit in de pruik van een knotwilg ↙

kiemplaats voor mossen, varens en allerlei kruiden. Er zijn in totaal wel honderd negentig verschillende soorten planten aangetroffen op wilgenknoesten! **Bitterzoet**, **vlier**, **brandnetel**, **wilgenroosje**, **fluitenkruid** en **paardebloem** zijn daar maar enkele voorbeelden van.

Knotwilgen worden bewoond door vele insecten zoals **haantjes**, **snuitkevers**, **boktorren**, **weekschildkevers**, **hommels** en **mieren**.
Ook voor nachtvlindersoorten zoals **pijlstaartvlinders** zijn ze een belangrijke slaapplaats.
Verder nestelen er vele vogels. Vogels die in holen nestelen, zoals **mezen**, **ringmussen**, **gekraagde roodstaarten** ... kunnen er hun jongen in de spleten, holen en gaten ongestoord grootbrengen. Ze vinden in en op de knotwilg voedsel in overvloed. **Kauwtjes**, **holenduiven**, **wilde eenden** en **steenuiltjes** nestelen dan weer in de stam en de knoest.
Het is opvallend hoe elke vogelsoort een ander geschikt plekje in de knotwilg uitzoekt. Ook zoogdieren zoals de **wezel**, de **bunzing**, de **spitsmuis** en de **vleermuis** maken dankbaar gebruik van de holten in de knoest en de stam of tussen de wortels. Eigenlijk is een knotwilg een heus flatgebouw!

Dijken

Hoe mensen met de aanleg van dijken grond veroverden op de zee . . .

Zo'n 2000 jaar geleden was ons kustgebied nog een uitgestrekte schorre, een lappendeken van eilandjes in een netwerk van geulen en kreken. Telkens als de schorren door de zee overstroomd werden, bleef een dun laagje slib achter. Zo werd het gebied onmerkbaar hoger. Tussen de stormen in lag ze droog en de boeren lieten er hun schapen grazen. Rond het jaar 1000 begonnen de mensen de schorren voorgoed in te palmen. Ze bouwden met veel volk, met spaden en kruiwagens kilometerslange aarden dijken. Zo verhinderden ze dat de zee het gebied nog kon binnendringen. De geulen en kreken gebruikten ze als kanalen voor waterafvoer en in de dijk bouwden ze een sluis. Met het openen of sluiten van die sluis konden ze het waterpeil regelen in die ingedijkte schorre, die ze 'polder' noemden.

Hoe een lappendeken van dijken en polders ontstond . . . een brok geschiedenis

Rond 1030 vormt de Gentele, later de Blankenbergse Dijk, de oostelijke zeewering van een uitgestrekte polder ten noordwesten van Brugge. Het rivierenstelsel ten zuiden van Brugge loost zijn water via kreken en waterlopen door het uitgestrekte schorrengebied ten noorden en ten noordoosten van Brugge, de latere Zwinstreek.

Rond 1100 wordt een groot deel van dit schorrengebied door een ringvormig dijkensysteem ingepolderd tot de Oostwatering. Die watert via de Monnikeredesluis af naar het Zwin. Rond 1200 wordt de Oostwatering in twee afzonderlijke delen gesplitst. Voor de afwatering van elk deel worden nieuwe sluizen gebouwd, waarvan één rechtstreeks op de zee uitkomt.

Rond 1300 wordt er oostwaarts nog meer land ingepolderd. De afwatering gebeurt via een vernieuwde sluis naar het Zwin. In 1400 is de inpoldering zo ver gevorderd dat die afwateringssluis in het ingepolderde gebied ligt en de afwatering zelf via een nieuwe watergang, de Hoekevaart, en een nieuwe sluis moet gebeuren. Rond 1650 wordt het afwateringssysteem volledig veranderd. De Eiensluis die rechtstreeks op de zee afwaterde, wordt opgeheven. Het water wordt via de nieuw gegraven Isabellavaart oostwaarts weggeleid naar de Isabellasluis. Dat is een van de twee nieuwe sluizen voor de afwatering op het Zwin, die in de nasleep van de Tachtigjarige Oorlog vlak in de buurt van de versterkte linies gebouwd werden.

In 1784 wordt de Hazegraspolder gewonnen, die samen met alle achterliggende polders langs de nieuw gebouwde Hazegrassluis naar het Zwin afwatert. In diezelfde periode laat Napoleon de Damse vaart delven.

In 1840 wordt het Leopoldkanaal afgewerkt dat dienst doet als hoofdafwateringsas van de polders van de Zwinstreek en het Meetjesland. Met de bouw van de Internationale Dijk in 1872 wordt de afwatering van de polders naar het Zwin volledig afgesloten.

Het polderbestuur houdt het water op peil:

Er bestaan nog altijd polders. Hoewel het de beste landbouwgronden zijn van ons land, hebben ze het nadeel dat ze heel laag gelegen zijn. Als er geen dijken waren, zouden ze door het zee-

slapersdijk

zeewerende dijk

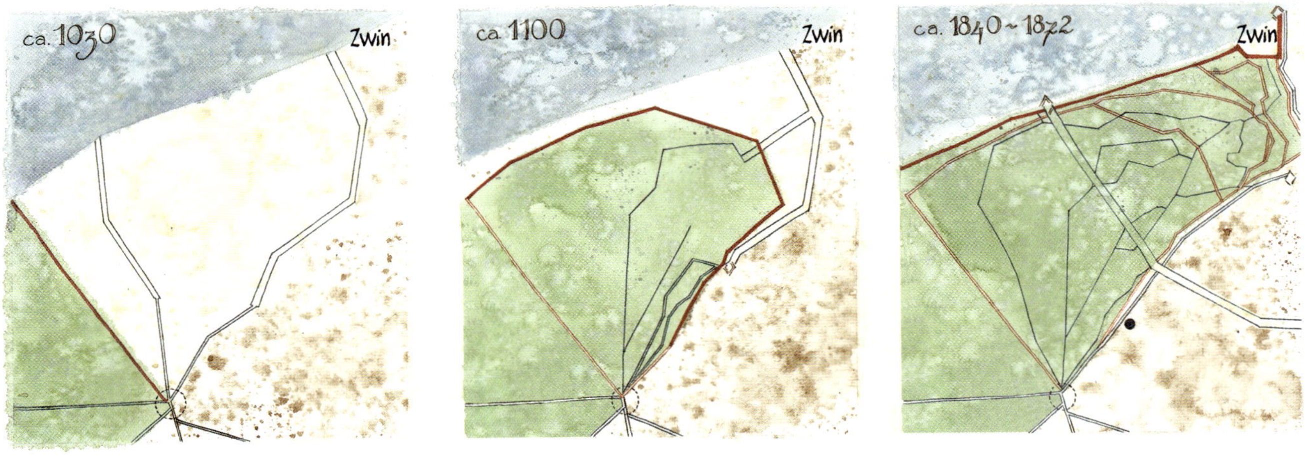

water overspoeld worden. De dijken moeten dus gecontroleerd en onderhouden worden. De dramatische overstromingen op 1 februari 1953 leidden tot een totaal nieuwe wetgeving, de Polderwet. Sindsdien is voor elke polder een groep gespecialiseerde mensen verantwoordelijk: het polderbestuur. Het bestuur zorgt voor de controle, het onderhoud en het herstel van dijken, sluizen, pompgemalen, stuwen én voor een regelmatige ruiming van de waterlopen. Verder zorgt een polderbestuur ook voor het op peil houden van het water: de afvoer van overtollig water uit de polder naar zee en de bevloeiing van de polder in droge perioden.

De Zwinpolder watert via het Leopoldkanaal op een natuurlijke manier af naar de Noordzee. Overtollig water kan bij laagwater via de sluis gewoon weglopen naar de Noordzee. En bij vloed worden de sluisdeuren gesloten om te beletten dat het zeewater het land instroomt. De waterhuishouding zoals die eeuwenlang door het polderbestuur in stand is gehouden, heeft mee gezorgd voor het behoud en de verdere ontwikkeling van kreken, geulen, klei- en turfputten.

Over slapersdijken . . .

De meeste polderbesturen zijn tot op heden eigenaar gebleven van de polderdijken die in de Middeleeuwen zijn aangelegd. Hoewel het materiaal van heel wat dijken die geen functie meer hadden, geheel of gedeeltelijk over het omliggende land is verspreid, is de Zwinstreek nog altijd bijzonder rijk aan zogenaamde 'slapersdijken'. Dat zijn vroegere zeedijken die nu geen zeewerende functie meer hebben, omdat hun functie door nieuw aangelegde dijken, verder naar zee, is overgenomen. Voorbeelden zijn de Hazegraspolderdijk en de Burkeldijk. Deze vroegere zeewerende dijken mogen nu 'slapen', maar behouden eigenlijk hun zeewerende functie voor het geval er iets zou gebeuren met de Internationale Dijk. Slapersdijken hebben een grote cultuurhistorische, landschappelijke en recreatieve waarde. Bovendien zijn verschillende dijken door hun typische fauna en flora van groot ecologisch belang. Een verantwoord beheer met aandacht voor al die verschillende waarden en belangen is een hele uitdaging voor de polderbesturen. Zij proberen dit te realiseren in samenwerking met de provincie, de gemeente en andere betrokkenen.

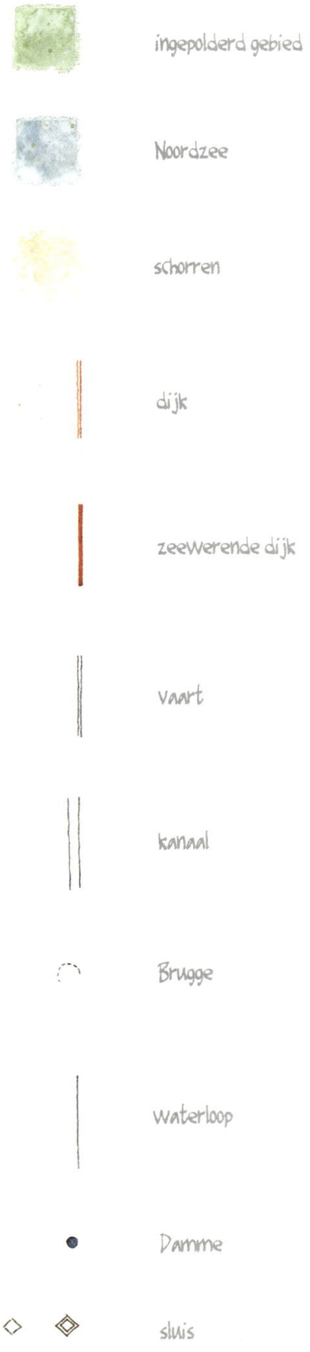

Planten

Fluitenkruid, boerenwormkruid, duizendblad en **klavers** zijn wegbermplanten die zich op de vochtige, voedselrijke bodem van dijken goed thuis voelen.

Fluitenkruid

Vanaf mei vormen de witte schermen van fluitenkruid met hun vele kleine bloempjes een echte bloemenzee die het begin van de zomer aankondigt. Insecten zijn er dol op.

Duizendblad

Duizendblad ontleent zijn naam aan de sterk ingesneden bladeren. Deze plant vormt witte schermpjes en bloeit vanaf juni. Het is een kruid waaraan heel wat geneeskrachtige eigenschappen worden toegeschreven. Duizendblad heeft bloedstelpende eigenschappen en ook nu nog worden etherische oliën, gewonnen uit die plant, in de kruidengeneeskunde gebruikt.

Boerenwormkruid

In de late zomer bloeit het boerenwormkruid op de dijken. Deze plant vormt tuilen met gele bloemenkorfjes die doen denken aan jasknopen. Het is een forse plant met stevige stengels en bladeren. Vroeger werd hij als keukenkruid gebruikt, maar nog vaker als wormafdrijvend middel, vandaar ook de naam.

Klaver

De bekendste klaversoorten zijn de **witte** en de **rode klaver**. Omdat de klavers vrij laat bloeien – als de andere insectenbloeiers al zijn verdwenen – zijn deze planten een heel belangrijke nectarbron voor bijen.

Klavers zijn bovendien waardevolle gewassen. De bacteriën die in de knolletjes op de wortels van deze planten

leven, zijn in staat om stikstof uit de lucht op te nemen en om te zetten in voedingsstoffen voor de klaver. In ruil voor deze 'dienstverlening' nemen de bacteriën suikers op die door de klaverplanten zijn gevormd. Het is dus een perfecte samenwerking.

Precies voor dat stikstofbindende vermogen kweken boeren vaak klaver. Door die in de bodem onder te ploegen bemesten ze de grond. 'Groenbemesting' is dat.

De zeldzame 'klavertjes vier' worden nog altijd als geluksbrengers beschouwd ...

Brandnetel

Brandnetels groeien overal waar de bodem voedselrijk is. Veel mensen zijn hem liever kwijt dan rijk, maar eigenlijk is de brandnetel een erg nuttige plant. Zo is hij een belangrijke voedselplant voor de rupsen van veel vlindersoorten. Ook voor de mens kan de brandnetel dienen als voedsel. Brandnetel kun je immers klaarmaken, zoals spinazie, of je kunt er soep van koken. Daarnaast heeft de plant verschillende geneeskrachtige eigenschappen. Aftreksels van brandnetel zouden bijvoorbeeld bloedzuiverend werken.

op dijken vind je een rijke plantengroei

Dieren

biddende torenvalk

De torenvalk kan stil blijven hangen in de lucht

De torenvalk is hier de meest voorkomende roofvogel in open landschap. Hij is hoofdzakelijk bruin gekleurd. Het mannetje, dat wat kleiner is dan het vrouwtje, heeft een grijze kop en staart. De torenvalk is een echte muizenvanger. Als hij een terrein wil afspeuren, gebruikt hij een opvallende vliegtechniek. Hij probeert klapwiekend en met gespreide staart ter plaatse in de lucht te blijven hangen en speurt de grond af naar insecten, wormen en muizen – hij 'bidt'. Of hij vliegt, bij hevige wind, tegen de wind in met dezelfde snelheid als de wind. Ook dat is 'bidden' en je kunt het hem vooral zien doen boven dijken en wegbermen. Die vormen immers zijn favoriete jachtterrein, ook al zijn ze vlak bij de autosnelweg.

Als de torenvalk een muis heeft ontdekt, duikt hij bijna loodrecht omlaag, de scherpe klauwen klaar om toe te slaan ... Spectaculair!

fluitenkruid op de Hazegraspolderdijk

Roodborsttapuit

De roodborsttapuit is kleiner dan de mus. Hij is vrij gedrongen van gestalte, zit meestal rechtop en heeft een korte rechte staart. In de zomer is de onderzijde van het mannetje roodachtig tot helder oranje en heeft hij een zwarte kop.

Deze vogeltjes voelen zich het best in open tot halfopen terrein met wat struiken of hoog opschietende grassen en kruiden. Hun voedsel bestaat vooral uit insecten en andere kleine dieren. Die sporen ze op vanaf een uitkijkpost in hun woongebied. Hun nest bouwen ze, goed verborgen, op of net boven de grond.

De roodborsttapuit heeft een merkwaardige roep. Meestal klinkt het hard en luid van 'wiet-tak-tak', een geluid dat doet denken aan twee stenen die tegen elkaar worden geslagen. De roodborsttapuiten die hier bij ons broeden, overwinteren in Zuid-West-Europa

Grachten en kreken

In het polderlandschap zijn er veel mooie, waterrijke plekjes: afwateringsgrachten en overblijfselen van geulen en kreken van de vroegere schorren. De oevers van die grachten en kreken zijn vaak bedekt met een dichte en rijk geschakeerde plantengroei.
Zo vormen de talrijke grachten die het poldergebied doorkruisen met hun oeverbegroeiing ideale verbindingswegen en nestplaatsen voor zoogdieren, vogels, en andere dieren.

PLanten

Knotwilgen houden de oevers vast

Wilgen zijn echte waterdrinkers. Ze kunnen grote hoeveelheden water opzuigen, want een groot deel daarvan verdampt via hun bladeren. Dat maakt ze bijzonder geschikt voor drassig terrein, bijvoorbeeld om weiden af te bakenen en schaduw te bieden aan het vee. Hun sterk vertakte en verspreide wortelstelsel verstevigt de oever.

In de els huist de duivel

De soort die hier aangeplant wordt, is de zwarte els. Hij wordt tot 25 m hoog en is een ideale boom voor vochtige gronden. De boom is éénhuizig, wat betekent dat hij zowel mannelijke als vrouwelijke katjes draagt. De katjes bloeien in het voorjaar, de bestuiving gebeurt door de wind. Op plaatsen waar de boom is gesnoeid, kleurt het witte hout snel geel en na vierentwintig uur is de zaagsnede roodachtig en ziet het sap dat er uitstroomt er bijna bloedrood uit. Vroeger dachten de mensen dat boze geesten daar de hand in hadden. De duivel zou zijn grootmoeder tot bloedens toe met een elzenstok hebben afgeranseld!

gele lis

De zaadjes van de gele lis hebben een zwemvest

Omdat er met het regenwater meststoffen uit de akkers wegspoelen, zijn de grachten tamelijk voedselrijk. En dat is nu net wat soorten zoals **riet, gele lis** en **lisdodde** nodig hebben.
In juni bezoeken veel hommels, zweefvliegen en bijen de grote gele bloemen van de gele lis op zoek naar nectar. In het najaar zijn de vruchtdoosjes rijp en dan

knotwilgen langs de grachtkant

elzen

barsten ze open. De bruine platte zaden vallen op het water waar ze blijven drijven dankzij een kurkhuidje. Als dat in de winter is vergaan, zinken de zaden naar de bodem waar ze kunnen kiemen om een nieuwe plant te vormen.

De lisdodde heeft een sigaar vol zaadjes

Deze plant bloeit op een heel typische wijze, waardoor ze de naam 'rietsigaar' kreeg. De kleine bloempjes zitten heel dicht tegen elkaar. De mannelijke bloempjes vormen een dunnere aar bovenaan, de vrouwelijke bloempjes zitten daar vlak onder, en vormen de dikkere 'sigaar'. Na de bestuiving en bevruchting vormen zich talrijke piepkleine zaadjes. 's Winters gaan de gladde aren er veel slordiger uitzien omdat ze beginnen te pluizen.

Bij het hoornblad vindt de bestuiving onder water plaats

Als je ooit op zoek bent geweest naar stekelbaarsjes of salamanders, heb je met deze plant zeker kennisgemaakt. Hoornblad vormt lange slingers van bladkransen, die, als je ze boven water tilt, onmiddellijk slap neerhangen.
Hoornblad komt in alle stilstaande wateren ter wereld voor, behalve in hooggebergten en poolstreken. Deze plant is doodgewoon en merkwaardig tegelijk: hij bloeit onder water! Het stuifmeel wordt in het water verspreid en daar vindt ook de bestuiving plaats. Dat is hoogst uitzonderlijk, want de meeste hogere planten houden hun stuifmeel liever droog.

kroos

De waterranonkel kleurt het water wit

Deze plant is familie van de boterbloem en hij komt vrij veel voor in zowel stilstaand als stromend water. Waterranonkel groeit wel in het water, maar meestal steekt er een flink stuk van de stengel met bloemen bovenuit. In juni zien sloten en grachten op sommige plaatsen wit van de bloeiende waterranonkel.

De kikkerbeet wortelt ... in het water

Dit is een waterplant met ronde, op het water drijvende blaadjes die mooi, regelmatig generfd zijn. De witte wortels reiken niet tot in de modder, maar hangen gewoon los in het water. In de herfst zinkt deze plant naar de bodem, waar hij met winterknoppen in de modder de koudste maanden overleeft.

De zwanebloem geeft oevers een roze tint

Deze grote oeverplant groeit in vrij ondiep water. Hij heeft lange, stijve en scherpe bladeren die aan de wortelstok ontspringen. De roze bloemen vormen een ijl scherm. De zwanebloem bloeit van mei tot september.

Het eendenkroos kan zich razendsnel vermenigvuldigen

Eendenkroos voelt zich zowel thuis in zoet als in brak, rustig en voedselrijk water. Het kleine plantje bestaat uit een schijfvormige, bladachtige stengel.
Eendenkroos plant zich in gunstige omstandigheden snel voort: het stengeltje vormt zijtakjes die loskomen en een nieuw plantje vormen. Zo kan eendenkroos 's zomers hele wateren in korte tijd volledig bedekken.

rugstreeppad

boomkikker

groene kikker

Dieren

Amfibieën

In het polderlandschap wonen verschillende soorten amfibieën. Dat zijn dieren die soms in het water leven, en soms op het land. Maar allemaal hebben ze in de voortplantingsperiode water nodig.

Gewone pad

De talrijkste soort is de gewone pad. Hij is een nuttige slakken- en insecteneter die vooral 's nachts actief is. De wrattige huid is bedekt met klieren om de huid tegen uitdrogen te beschermen. Het vocht uit de klieren is bovendien giftig en heeft een slechte smaak, waardoor maar weinig dieren interesse hebben voor een paddenmaal.

Aan het eind van de herfst zoekt de gewone pad een vorstvrije plek op waar hij de winter in een diepe slaap doorbrengt.

Spectaculair is de 'paddentrek' in het vroege voorjaar. In februari ontwaken de padden en gaan naar hun geboorteplas op zoek. Daarbij kruisen ze wegen en paden alsof ze automatisch voorrang hebben. Zo sterven jaarlijks duizenden dieren. Om het aantal verkeersslachtoffers te beperken worden op vele plaatsen 'paddenoverzetacties' gehouden. Ook bij het Koningsbos wordt met een scherm verhinderd dat de padden op de straat terechtkomen. Ze worden opgevangen en naar de overkant van de straat gebracht.

Rugstreeppad

De rugstreeppad is veel kleuriger dan de gewone pad en hij heeft korte poten. Zijn rug is geelbruin met olijfgroene of bruine vlekken, en op de wratten zijn vaak rode vlekjes te zien. Over zijn rug loopt een zwavelgele streep en zijn ogen zijn sprankelend geelgroen. De mannetjes hebben een grote kwaakblaas. 's Nachts in het voorjaar maken ze een soort melodieus ratelend geluid dat tot meer dan een kilometer ver te horen is.

De rugstreeppad komt in West-Vlaanderen alleen in de kustduinen voor. Hij heeft namelijk een voorkeur voor warme, open, losse, zandige terreinen. Maar er moet natuurlijk wel water in de buurt zijn voor de voortplanting. Tijdelijke poelen en karrensporen vindt hij goed genoeg.

Bruine kikker

De bruine kikker is de meest voorkomende kikkersoort in de kustduinen en -polders, ook in Knokke-Heist. Vanaf midden februari lokken de mannetjes vooral 's nachts met een zacht 'geknor' de wijfjes naar de voortplantingspoel. Die leggen dan hun eieren, het bekende 'kikkerdril'. Bij zonnig weer ontwikkelen de eitjes zich snel en na een paar dagen kunnen er al kleine kikkerlarven uit te voorschijn komen. In het begin voeden die zich met algen. Geleidelijk veranderen de larven in dikkopjes. De uitwendige kieuwen maken plaats voor inwendige en de vegetariër

van kikkerdril tot kikker

schakelt over op een menu van kleine waterdiertjes. Er verschijnen achterpootjes en later ook voorpootjes en het lichaam krijgt het uiterlijk van een kikkertje mét staart. Die staart wordt langzaam kleiner tot het minikikkertje helemaal af is en alleen nog moet groeien.

Groene kikker

De groene kikker is minder talrijk. Maar daar waar hij leeft, kun je in mei en juni zijn opvallende gekwaak horen. De mannetjes vormen dan koren in de warmste delen van de poelen. Ook zitten ze vaak te zonnen op bladeren van waterplanten. Groene kikkers voeden zich onder andere met muggenlarven.

Salamanders

Net als kikkers en padden zijn salamanders amfibieën. Ze groeien op in sloten en plassen. In de herfst kruipen ze uit het water en gaan op het land leven. Daar rusten ze onder kreupelhout, stenen of rottende stronken, maar altijd vlak bij de waterkant. Op die vorstvrije plaatsen overwinteren ze ook. Hartslag, ademhaling, spijsvertering ... alles ligt dan bijna stil, waardoor het lijkt of de diertjes dood zijn. Maar zo verbruiken ze nauwelijks zuurstof of energie en dat is hun overlevingsstrategie. Pas eind februari, begin maart, bij de eerste zonnewarmte, komen de salamanders weer te voorschijn. Ze keren dan terug naar het water om er zich voort te planten. In de poldersloten en -grachten komt de **kleine watersalamander** talrijk voor. De **kamsalamander** is zeldzamer.

Paling

In de sloten en grachten van de polders vind je ook palingen. Het zijn vreemde vissen die vooral 's nachts actief zijn en dan op zoek gaan naar allerlei levende of dode kleine dieren. Als ze na vijf tot acht jaar volwassen zijn, krijgen ze in het najaar een sterke trekdrift. Ze verlaten hun vertrouwde woongebied en vertrekken naar de Sargassozee, in het midden van de Atlantische Oceaan. Alle volwassen palingen van Noord- en West-Europa en het Middellandse-Zeegebied maken diezelfde trek. Na de 4000 km lange tocht door de Atlantische Oceaan paren ze in de Sargassozee en sterven er. De larven die uit de eitjes komen, leggen de terugweg af en doen daar drie jaar over. Tegen die tijd veranderen ze in glasaaltjes; ze zijn dan 7 cm lang, plat en doorschijnend. Zo trekken ze naar de mondingen van rivieren en zwemmen die op om een geschikt woongebied te vinden.

Snoek

Deze roofvis wordt wel eens 'de koning der vissen' genoemd. Hij kan tot 1,5 m lang worden en hij schrikt er zelfs niet voor terug om soortgenoten te eten. Zo houdt de snoekpopulatie zichzelf binnen de perken.

De snoek leeft in stilstaand tot traag stromend, plantenrijk water. Hij verdraagt ook brak water en is dus een 'poldervis' bij uitstek. Zijn typische strepenpatroon en groene kleur zorgen voor een perfecte camouflage tussen de waterplanten van waaruit hij zijn prooien beloert.

De driedoornige stekelbaars leeft zowel in zoet als in zout water

Hoewel de driedoornige stekelbaars voorkomt in zowel traag stromende beken en rivieren als in grachten, vijvers, poldersloten en kanalen heeft deze vissoort een speciale relatie met de kust. Sommige groepen leven immers vooral op zee en trekken van daar naar de binnenwateren om er zich voort te planten. Volwassen mannetjes hebben rond april een heel fraai paarkleed met een rode keel en buik en ze verdedigen hun leefgebied zeer hevig. Het mannetje bouwt met plantenmateriaal een nest. Als er een vrouwtje in zijn territorium komt, probeert hij het met een zigzagdans naar zijn nest te lokken. Zodra een wijfje haar eitjes in het nest deponeert, worden ze bevrucht en wordt het wijfje verjaagd. Het mannetje wuift zuurstofrijk water over het nest en bewaakt het tot de eieren uitkomen.

Knokke-Heist heeft de grootste boomkikkerpopulatie van het land

Vermoedelijk doet deze soort het hier nog zo goed omdat enkele oude binnenduingebieden gespaard zijn gebleven van landbouw en stadsuitbreiding. Ondanks zijn naam leeft deze kikker vooral op de bladeren van lage struiken, zoals bramen. Tijdens warme avonden in het late voorjaar kun je de tropisch klinkende concerten van de mannetjes beluisteren. Jaarlijks zijn er nog een zeventigtal van die 'zangposten'. In samenwerking met Natuurpunt vzw heeft de gemeente daarom enkele boomkikkerreservaten aangelegd.

Ongewervelde dieren: insecten, wormen, slakken . . .

In de sloten en kreken in de polders van Knokke-Heist leven er heel wat kleine, ongewervelde dieren. Hoe verschillend ze misschien ook zijn, ze hebben één eigenschap gemeen: ze zijn aangepast aan de zeer sterke schommelingen van het zoutgehalte in de brakke, binnendijkse wateren. Toen het gebied bedijkt werd, trok het zoute zeewater geleidelijk weg in de bodem, waardoor her en der zout in de grond achterbleef. Opstuwend grondwater lost het zout weer op en voert het mee naar het oppervlaktewater. Als bij warm weer veel water verdampt, stijgt het zoutgehalte sterk. Als het echter lang regent, treedt er verdunning op en zakt het zoutgehalte spectaculair. Al deze dieren verdragen probleemloos grote en plotse schommelingen in het zoutgehalte.

Weekdieren

Het brakwaterhorentje

Het brakwaterhorentje is een 7 mm groot slakje dat zich voedt met algen en plantaardig afval. Brakwaterhorentjes zitten bij voorkeur op een stevige ondergrond, zoals hout of stenen. Bij extreme

brakwaterhorentje

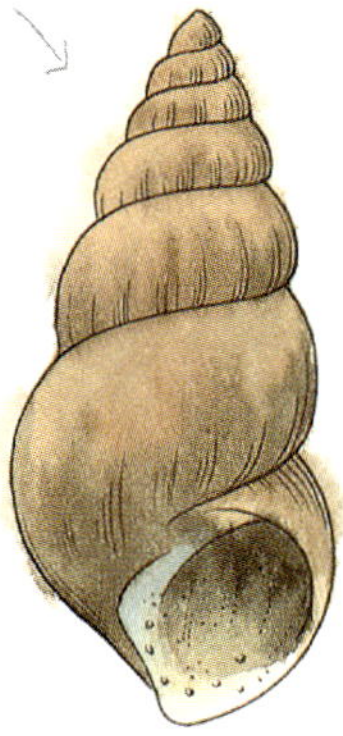

droogte kunnen ze hun huisje hermetisch afsluiten met een speciaal dekseltje. Ze planten zich voort door 'parthenogenese'. Dat betekent dat de eitjes gewoon zonder bevruchting tot ontwikkeling komen. De ontwikkeling speelt zich grotendeels af in een soort 'baarmoeder' in de slak. De jonge slakjes komen uit de eitjes op het moment dat die worden gelegd! Het brakwaterhorentje is dus 'eierlevendbarend'.

Strandgapers in de polder

Toen de Hazegraspolder in 1784 werd ingedijkt, leefden er nog massa's zeedieren in de bodem. Daarom vinden ze daar bij ruimwerken nog altijd schelpen van de strandgaper. Dat is een tot 15 cm grote mossel, die massaal in het slib en het zand van stroommondingen leeft. De afsluiting van de verbinding met de zee in 1784 betekende het einde voor alle aanwezige strandgapers, andere schelpdieren, wormen ...

paringsrad juffers

Wormen

Een wrede worm: de vissenbloedzuiger

De vissenbloedzuiger kan tot 5 cm lang worden. Zowel aan de voorzijde als aan de achterzijde heeft hij een zuignap waarmee hij zich vastzuigt op zijn prooi. Dat kunnen zowel vissen zijn als amfibieën en hun larven. Met zijn tong doorboort hij de huid van zijn prooi en zuigt hij bloed op. Na een goede maaltijd kan hij gemakkelijk een half jaartje vasten. Deze bloedzuiger is tweeslachtig – mannetje en vrouwtje tegelijk – en zet zijn eitjes afzonderlijk af in een cocon op een harde ondergrond of op planten.

Kreeftachtigen

Vlokreeftje

De meeste kleine waterdieren in het brakke polderwater behoren tot de kreeftachtigen. Zo leeft er een vlokreeftje dat tot 22 mm groot wordt. Het komt zowel binnen- als buitendijks voor. De laatste jaren wordt die inheemse soort meer en meer verdrongen door een soort uit Noord-Amerika. Die heeft niet alleen een groot aanpassingsvermogen aan grote zoutgehalteschommelingen, maar ook aan verontreiniging.

aasgarnaal

Aasgarnaal

De tot 25 mm grote aasgarnaal voedt zich met organisch afval en dode dieren. Soms troepen aasgarnalen samen in scholen van wel duizenden exemplaren. Er leeft in het polderwater zelfs een soort **steurgarnaal**, een verwant van de grijze **Noordzeegarnaal.**

steurgarnaal

Insecten

Eendagsvliegen

Sommige soorten ééndagsvliegen houden het ook in het brakke polderwater uit. Zoals de naam het zegt, blijven ze als volwassen, vliegende insecten maar één dag in leven. Maar eerst brengen ze als larve verschillende maanden door in het water. Op hun achterlijf zitten een reeks kieuwplaatjes vast waarmee ze onder water ademen. Larven van ééndagsvliegen voeden zich vooral met algen en plantaardig afval.

Waterjuffers

In het brakke polderwater vind je meestal maar één waterjuffersoort. De larve brengt één jaar in het water door en voedt zich, via een vernuftig uitklapbaar vangmasker, met allerlei kleine waterdiertjes. Via een kieuwsysteem in de einddarm ademt ze. Op een bepaald ogenblik kruipt de larve langs een stengel tot boven het wateroppervlak. De larvenhuid scheurt open en langzaam bevrijdt zich een nieuwe, prachtige waterjuffer uit dat omhulsel. Zodra ze zich in de zon heeft opgewarmd, vliegt ze weg. Volwassen waterjuffers voeden zich met allerlei levende prooien, zoals vliegjes en muggen.

eendagsvlieg

Duikerwantsen

Ook de duikerwants voelt zich thuis in het voedselrijke en licht brakke water van de polders. Hij brengt de meeste tijd door op de bodem, waar hij zich voedt met plantaardig afval en eencellige algen. Hij komt alleen naar de oppervlakte om zijn zuurstofvoorraad aan te vullen. Zijn achterpoten zijn van haren voorzien en ze dienen bij het zwemmen als stevige peddels.
Zodra ze volwassen zijn, zijn duikerwantsen goede vliegers, die zich gemakkelijk naar andere sloten en plassen kunnen verplaatsen. Ze brengen hun hele leven in het water door.

Waterkevers

De noterus kan een halve cm groot worden. Hij leeft van allerlei kleine dieren, zoals de larven van vedermuggen. De volwassen kever ademt aan de oppervlakte, terwijl de larve zuurstof opneemt uit plantenwortels door er met zijn spitse uiteinde een gaatje in te boren.

duikerwants

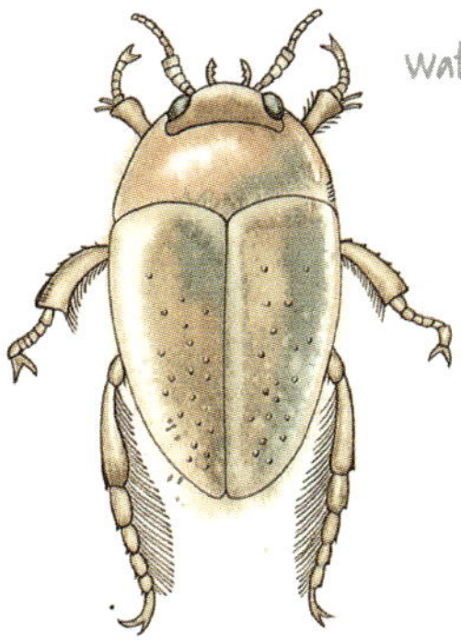

waterroofkever

kuifeend

Kuifeend, duikeend

De kuifeend is gemakkelijk te herkennen. Het mannetje heeft een zwarte rug en borst, witte flanken en een witte buik en een opvallend hangend kuifje, vandaar zijn naam. De vrouwtjes zijn donkerbruin en onopvallend. Zowat overal waar water is in Knokke-Heist, is hij te vinden.

Hij houdt het meest van stilstaand water met veel oeverbegroeiing.

Kuifeenden zijn soms halftam en komen op vijvers in parken, net als tamme eenden, om voedsel bedelen. Zelfs groepen op meren laten zich dicht benaderen en zwemmen, als ze verstoord worden, rustig weg.

De verschillende soorten wilde eenden kun je in twee groepen indelen: de grondel- en de duikeenden.

Grondeleenden zoeken voedsel in ondiep water. Daarvoor gaan ze verticaal in het water 'hangen' met hun achterwerk in de lucht, zoals de wilde eend. **Duikeenden** duiken helemaal onder water om voedsel te zoeken. Sommige kunnen vrij lang onder water blijven. De kuifeend is een duikeend die wel 2 à 3 m diep kan duiken om slakjes en andere weekdieren op te vissen.

karrekiet

rietzanger

blauwborst

De kleine karekiet is vaak gastheer voor de koekoek

De kleine karekiet is een slank, bruin en beige gekleurd vogeltje, ongeveer zo groot als een koolmees. Hij verblijft hier 's zomers en overwintert in tropisch Afrika. Hij leeft het liefst in dicht riet in ondiep water – een kleine rietkraag langs een slootje is al genoeg. In ineengedoken houding klimt hij heel behendig in het riet.

De kleine karekiet is helemaal niet schuw en je kunt hem dus makkelijk te zien krijgen als hij, zittend op een rietstengel, zijn 'babbelende' zang laat horen. Hij weeft een mandvormig nestje rond enkele rietstengels. Vaak leggen koekoeken hun ei in zijn nest.

De rietzanger houdt van luchtacrobatie

De rietzanger is ongeveer even groot als de kleine karekiet. Hij is hoofdzakelijk olijfbruin gekleurd, maar heeft een opvallende lichtbeige wenkbrauwstreep. Hij zoekt dichte begroeiing in moerassig gebied met struikgewas, kruiden en rietveldjes. Zijn zang bestaat uit lange reeksen noten, trillers, fluittonen en imitaties van ander vogelgezang, zoals dat van de meerkoet of de gele kwikstaart. De rietzanger komt hier alleen in de zomer voor. In het najaar trekt hij naar het gebied ten zuiden van de Sahara.

De blauwborst zingt soms ... als een kikker

Dit prachtige vogeltje broedt in moerassig terrein langs sloten met elzen, wilgen en riet. Hij heeft lange, dunne pootjes, een opvallend witte wenkbrauwstreep en een roestrode staartbasis. Het mannetje heeft een helderblauw gekleurde kin, keel en borst, met middenin een witte vlek. Onderaan wordt het blauw omrand door smalle zwart-witte lijnen en een bredere roestrode band. Zijn zang is krachtig en helder en een mengeling van melodieuze geluiden en krassende noten. Ook hij kan goed andere vogels imiteren. Soms doet hij zelfs een kikker na ...

IJsvogel

Ondanks zijn kleine gestalte is de ijsvogel met zijn prachtige oranje en blauwe kleuren een opvallende vogel. Gek is wel dat de grote kop en snavel bijna even lang zijn als de rest van zijn lichaam. Als je de kans hebt om een ijsvogeltje in het zonlicht te bewonderen, zullen zijn exotische kleuren en schakeringen duidelijk opvallen. Naargelang van de lichtinval variëren ze van zwartgroen-donkergroen over paars naar donkerblauw-lichtblauw.

Een streling voor het oog!

Vanaf een tak houdt de ijsvogel het water in het oog. Als hij een visje ziet, duikt hij bliksemsnel het water in en pakt zijn prooi. Dan vliegt hij weer naar zijn uitkijkpost. Met enkele rake klappen slaat hij het visje tegen de tak dood, om het daarna in zijn geheel in te slikken.

IJsvogels graven een nestgang in een steile oever. Aan het eind van die gang maken ze een nestkamer waarin ze hun jongen grootbrengen. Door de zachte winters van de laatste jaren zien we meer en meer ijsvogels.

ijsvogel

Het polderbestuur zet zich in voor waterbeheer, natuur en landschap

De jaarlijkse onderhoudswerken aan de waterlopen zijn noodzakelijk voor een goede waterhuishouding. De beekoevers moeten gemaaid worden en het bodemslib geruimd. Soms ook worden oevers hersteld na afkalving die meestal door muskusratten is veroorzaakt. Die onderhoudswerken worden jaarlijks uitgevoerd als de oogst van het land is binnengehaald. Dat is ook de meest gunstige periode van het jaar om milieuschade tot een minimum te beperken.

Maar de inzet van het polderbestuur voor natuur en landschap gaat veel verder dan het vermijden van schade alleen. Er wordt ook positief en doelgericht gewerkt aan natuurbescherming en -ontwikkeling. Zo kunnen beheerswerken op waterlopen zeer nadelige gevolgen hebben voor visbestanden. Stuwen en sluizen vormen immers een kunstmatige hindernis voor palingen en andere vissen die op trek gaan. Met eenvoudige en goedkope ingrepen probeert het polderbestuur de leef- en trekomstandigheden voor palingen en riviervissen te vergemakkelijken en te verbeteren. Daarvoor zijn verschillende proefprojecten opgestart in samenwerking met het Instituut voor Bosbouw en Wildbeheer.

De ene oever is de andere niet ...

In het polderlandschap kun je twee soorten waterlopen onderscheiden. Enerzijds zijn er de restanten van **getijdengeulen**, die een typisch kronkelend verloop hebben. Nog vóór de inpoldering zorgden zij bij eb voor de afvoer van water vanuit de schorren. Duizend jaar lang hebben de mensen van de streek de oevers van deze geulen gemaaid en de bedding geruimd om een vlotte afwatering van het water uit de polder te garanderen. Omdat er bij de inpoldering naar gestreefd werd zo veel mogelijk land op de zee te winnen, werden die geulen wel voldoende opengehouden, maar de oevers mochten gerust 'verlanden', tot land worden.

De tweede soort waterlopen zijn de in opdracht van de polderbesturen gegraven nieuwe verbindingen: **aflopen**. Ze hebben een rechtlijnig verloop. Door overstromingen in het verleden zijn er de laatste jaren nieuwe ideeën ontstaan over waterbeheersing. Zo werd vastgesteld dat de bergingscapaciteit voor water in de polders moet vergroten, bijvoorbeeld door de waterlopen te verbreden. Omdat steile oevers, al dan niet verstevigd met betonplaten, uit de tijd zijn, krijgen de oevers bij het verbreden van de waterlopen een meer natuurlijk uitzicht met een zacht hellende oever. Op zo'n oever ontwikkelt zich geleidelijk een spontane, rijke begroeiing. De Jezuïetenvaart is een voorbeeld van een afwateringsgracht die er door verbreding heel natuurlijk is gaan uitzien.

door kleppen in sluisjes hoger of lager af te stellen, kan de waterstand in de polder perfect gecontroleerd worden

Opgelet voor zout water

In de gemeente Knokke-Heist wordt heel wat water opgepompt, bijvoorbeeld: door het waterbedrijf dat de drinkwatervoorziening verzorgt, door bouwfirma's die bij de constructie van een nieuw gebouw de bouwput droog moeten houden, door landbouwers die voor de bevloeiing van hun land of voor de drinkwatervoorziening voor hun dieren water nodig hebben, door particulieren en bedrijven ...

Maar omdat Knokke-Heist vlak bij de zee ligt, is het oppompen van water niet altijd zonder risico. Als er te veel water op bepaalde plaatsen wordt weggepompt, bestaat de kans dat een onderliggende zoutwaterlaag in beweging komt. Dat zoute water vermengt zich met het zoete water. Zo wordt licht zout water of 'brak water' opgepompt. En dat is niet meer bruikbaar voor mens en dier.

In bepaalde gedeelten van de gemeente moet men extra voorzichtig zijn om geen brak water op te pompen, namelijk in het gebied van de deelgemeente Westkapelle. De onderliggende zoutwaterlagen bevinden zich daar maar op een diepte van 2 tot 10 m. Dat heeft een historische achtergrond: op oude kaarten is duidelijk te zien dat de vroegere Zwingeul tot daar reikte.

Naar nog schoner oppervlaktewater

De gemeente wil de kwaliteit van het oppervlaktewater in de toekomst nog verbeteren. Dat kan door woonhuizen en andere gebouwen op het rioleringsnetwerk aan te sluiten. Zo wordt het lozen in sloten en beken immers verder afgebouwd. Sommige woonhuizen en boerderijen staan echter zo ver verspreid in het open polderlandschap dat het bijna onmogelijk is om die gebouwen in de toekomst op een riolering aan te sluiten. In die gevallen kiest de gemeente in overleg met de eigenaars voor een kleinschalige waterzuiveringsinstallatie. Zo'n installatie kan het afvalwater van één woonhuis, een boerderij of een andere groep gebouwen zuiveren.

Met het ruimen van de beek is nog lang niet alles opgeruimd!

De milieunormen voor het gebruik van baggerspecie, de opgebaggerde grond, zijn erg streng. Wanneer beken en sloten worden geruimd, worden altijd verschillende monsters genomen. Als uit de studie blijkt dat de baggerspecie niet voldoet aan de strenge milieunormen, dan moet ze worden afgevoerd naar een verbrandingsoven. Voldoet ze wel, dan kan ze als bodem worden gebruikt op het land.

zachte oever

zwinnevaart

Bomenrijen en houtwallen

Planten

Es

Omdat de gewone es een houtsoort is van lage, vruchtbare en vochtige hellingen en van rivierdalen, doet hij het uitstekend in de kleibodem van de polders. Het is dan ook een typische boom van deze streek.

De es is een vitale soort die tot 40 m hoog kan uitgroeien en wel meer dan 200 jaar oud kan worden. Typerend zijn de rechte stam en de matzwart gekleurde knoppen. Essen worden samen tot hoge windschermen aangeplant, maar ze kunnen ook net als knotwilgen tot knotbomen gesnoeid worden.

Essen groeien traag, maar het hout is zeer taai en veerkrachtig. Er worden stelen van gemaakt voor gereedschappen, zoals bijlen en hamers. En het wordt ook als fineerhout gebruikt.

Populier

In Knokke-Heist zijn verschillende soorten populieren aangeplant. Een van de meest gebruikte is de **Canadapopulier**. Deze boom voelt zich immers uitstekend thuis op kleigrond of vochtige zandgrond. Net als de es kan deze populier goed gesnoeid worden en zelfs als een knotwilg geknot worden. Als de vruchten van de populier in juni openspringen, komt er een grote hoeveelheid zaadpluis vrij dat in de lucht zweeft. Op een zonnige dag kun je het boven het hete asfalt omhoog zien gaan. Komt het boven het koudere weiland, dan daalt het weer. Als de lucht 's avonds afkoelt en vochtiger wordt, kleeft het pluis aaneen en komt het zaad op de grond terecht.

Populierenhout is licht en wordt verwerkt tot lucifers, vezelplaten en fineerhout.

populieren

Olm

De olm of iep is een inheemse boomsoort die je nog maar zelden ziet. De bomen verdwijnen immers door een ziekte. De 'olmenziekte' wordt veroorzaakt door een schimmel. Kleine spintkevertjes die gangen graven onder de schors om hun eitjes te leggen, brengen de schimmel over van de ene boom op de andere. De schimmel ontwikkelt zich en dringt binnen in de houtvaten. Dat zijn kanaaltjes waarlangs water met mineralen van beneden naar boven door de boom stroomt. Zo kan de schimmel zich snel in de olm verspreiden. Door de schimmelinfectie raken de vaten verstopt, waardoor de boom geleidelijk aan verwelkt en afsterft. De spintkevers zitten alleen op olmen waarvan de takken minstens een diameter van 10 cm hebben. Jonge olmen worden dus niet door de ziekte aangetast.

Een meidoornhaag is een natuurlijke prikkeldraad

De meidoorn is een struik die ook tot een kleine boom kan uitgroeien. Zijn naam verwijst naar de overdadige bloei in de maand mei. De struik is dan overdekt met een weelde van zacht geurende, witte bloempjes. De vruchten zijn rode besjes.

De meidoorn heeft doornige twijgen. Zo kunnen verschillende meidoorns naast elkaar een ondoordringbare haag vormen. Daarom worden ze vaak aangeplant als natuurlijke 'prikkeldraad' of schutting langs weilanden en woonerven. Omdat de meidoorn bestand is tegen de zeewind, doet hij het aan de kust vrij goed.

Motvlinders, kevers en wespen voelen zich thuis in en op deze struik. En lijsters en merels lusten de bessen wel.

olm

Bij de sleedoorn verschijnen de bloemen vóór de blaadjes

'Sleedoorn' betekent 'de pruim die doorns draagt'. Deze dicht vertakte struiken of kleine bomen hebben sterk gedoornde takken. Ze groeien bij voorkeur op een kalkhoudende bodem. De talrijke witte, kleine, geurende bloemen verschijnen in maart voor de bladeren zich vertonen. Na de bloei worden de net verschenen jonge blaadjes vaak door spinselmotten ontdekt en opgevreten. Daarna spinnen de motten zich in. Dichte kluwen zijdeachtige spinsels bedekken de struik en honderden jonge rupsen worden daaruit geboren. De kaalgevreten takken zien er helemaal niet fraai uit, maar tijdens de zomer groeien er weer nieuwe blaadjes. En intussen zijn de rupsen een lekkere hap voor de jonge vogels die in mei uit hun ei zijn gekropen. Sleedoorn wordt ook wel 'zwarte doorn' genoemd om zijn zwarte, berijpte bessen die lijsters graag eten. Door hun uitwerpselen waar de zaadjes inzitten, wordt de struik verspreid. Net als bij de meidoorn bouwen allerlei vogels graag hun nest tussen de takken van deze struik, want de doornen beschermen hun jongen tegen belagers.

De sleedoorn wordt al van oudsher door mensen gebruikt. Van de doornen maakten ze zwarte inkt, van de bast een rode kleurstof voor wol en linnen. De Germanen plantten al sleedoorn en witte meidoorn als hagen tegen de vraat van allerlei dieren.

Hagen, houtwallen en bomenrijen

Vroeger werden hagen, houtwallen en bomenrijen ook aangeplant rond erven, boerderijen en weilanden. Ze dienden om perceelsgrenzen aan te geven, als afsluiting, of als zonne- en windscherm. Het personeel op de boerderij had er 's winters handenvol werk mee om hout te hakken, te zagen en te klieven. Het werd gebruikt als brandhout voor de bakoven of voor het vuur waarop de aardappelen voor de varkens werden gekookt.

De bomen en struiken vormden samen vaak kilometerslange verbindingen tussen bossen en andere natuurterreinen, dwars door het open boerenland. Het zijn niet alleen beschutte verbindingswegen voor allerlei wilde dieren, ze bieden hun ook heel wat voedsel en schuil- of nestplaatsen. En dat is ook voor de landbouw een voordeel, want heel wat eters van landbouwparasieten vinden er een geschikte woonplaats. Loopkevers, padden, egels, wezels, hermelijnen voeden zich immers met massa's insecten, slakken en muizen en zijn daarom nuttige bondgenoten van de landbouwers.

houtkant

Dieren

Gekraagde roodstaart

De gekraagde roodstaart lijkt op het roodborstje, maar hij is wat slanker en zijn staart is dunner. Met die oranjerode staart wipt hij voortdurend op en neer. Dat kun je vooral in de vlucht goed zien. Eigenlijk is de gekraagde roodstaart een bosvogel, maar tijdens de trek zie je hem ook in het struikgewas in de duinen of op braakliggende gronden.

Hij gaat vooral op zoek naar insecten – spinnen, wormen, slakken – en ook wel naar bessen. In de broedtijd zoekt het mannetje een geschikt holletje als nestplaats. Daarna probeert hij het vrouwtje te overtuigen om de nestplaats in te nemen. Hij lokt haar met gespreide vleugels en de felle kleur van zijn staart. Zodra het vrouwtje 'verleid' is, begint ze met de bouw van het – overigens slordige – nest.

Ekster

Deze vogel heeft een slechte reputatie omdat hij steelt en vogelnesten uitmoordt. De ekster pikt bijna altijd eerst de ogen van zijn slachtoffertjes uit. Misschien heeft dat pikgedrag te maken met zijn aangeboren interesse voor alles wat blinkt. Het stelen van juwelen zit hem blijkbaar in de genen.

Eigenlijk is de ekster een prachtige vogel. Van dichtbij kun je goed zien dat zijn zwarte veren een mooie blauwe, groene en paarse glans vertonen. Ook in nestbouw blinkt hij uit. In een hoge boomtop bouwt hij een opvallend groot, overkoepeld takkennest dat meestal al van ver is te zien.

Wezel

De wezel is het kleinste roofdier van Europa. Hij is zelfs zó klein dat hij muizen tot in hun gangenstelsels kan achtervolgen. Zijn voedsel bestaat voor 85 procent uit woelmuizen. Als het aantal woelmuizen beperkt is, eet hij ook wel bosmuizen, ratten, mollen, vogeltjes, eieren, slakken, kikkers, insecten en jonge konijnen en hazen. Het lichaam van de wezel is langgerekt en hij heeft korte poten en een korte bruine staart. Zijn rug is bruin en zijn buik wit, met een onregelmatige scheidingslijn tussen de twee.

Wezels leven eigenlijk overal waar muizen voorkomen. Ze zoeken ook graag dekking in houtwallen en heggen.

Hermelijn

Hermelijnen zijn net als wezels kleine marterachtigen die vooral leven van muizen. Net als alle andere marterachtigen hebben ze een opvallende manier om hun omgeving te onderzoeken: ze 'kegelen'. Ze staan dan op de achterpoten, met hun lichaam rechtop, op de uitkijk. De hermelijn is duidelijk groter dan de wezel en heeft een langere staart met lange haren en een zwarte punt. De rug is grijs- of beigebruin en de buik is wit of geel. Twee keer per jaar krijgt hij een nieuwe, anders gekleurde vacht. In de herfst wordt zijn bruine vacht wit en in de lente krijgt hij weer een bruine vacht. Zijn staartpuntje blijft echter altijd zwart. De witte kleur zou ervoor zorgen dat hij beter gecamoufleerd is en minder warmte verliest in de koude winter. Vroeger werd het zwart-witte hermelijnenbont gebruikt als 'koningsbont' voor de boord van wijde koningsmantels.

De hermelijn is zowel 's nachts als overdag actief. Naast woelmuizen en waterratten staan zelfs konijnen op zijn menu.

Het voortbestaan van wezels en hermelijnen wordt bedreigd door de aantasting van hun leefgebied, door het drukke verkeer en het gebrek aan schuilmogelijkheden. Mensen hebben immers de neiging om alles op te ruimen, terwijl takkenbossen, steenhopen en dichte struiken langs akkers de leefmogelijkheden van de wezels en hermelijnen sterk kunnen verbeteren.

Bunzing

De bunzing leeft in bosjes dicht bij huizen, maar meestal in de buurt van water. Hij is een uitstekende speurder, springer en zwemmer. Op het land beweegt hij zich huppelend voort. Geregeld speurt hij, rechtopstaand op zijn achterpoten, de omgeving af.

Als de bunzing zich bedreigd voelt, verspreidt hij uit de geurklieren onder zijn staart een sterke, stinkende geur. Hoewel hij een nuttige bondgenoot is in de strijd tegen ratten, heeft hij een slechte reputatie omdat hij wel eens kippen rooft.

hermelijn in wintervacht

bunzing

Steenuil

De steenuil is de kleinste van onze uilen. Met zijn gefronste blik en zijn felgele ogen ziet hij er vinnig en streng uit. Hij jaagt meestal 's nachts, maar laat zich soms ook overdag zien, zittend op zijn favoriete plekje in de zon, luierend tot het donker genoeg is om op jacht te gaan. Hij voedt zich met wormen, kevers, sprinkhanen en muizen die hij na een geruisloze duikvlucht met zijn scherpe klauwen vastgrijpt. Het liefst nestelt hij in de holten en spleten van bomen, bijvoorbeeld in knotwilgen.

Landschapselementen vormen wegen en stapstenen voor de dieren

Naast lijnvormige landschapselementen, zoals hagen en bomenrijen, zijn er ook 'puntvormige' elementen: alleenstaande bomen, kleine hakhoutbosjes en drinkpoelen zijn daar goede voorbeelden van. Ze vormen natuurlijke 'stapstenen' voor de dieren in het cultuurlandschap.

Roofvogels gebruiken de hoge alleenstaande bomen als uitkijkplaats, en drinkpoelen voor het vee vormen ideale leefplaatsen voor amfibieën, waterplanten en libellen.

Door de schaalvergroting in de landbouw dreigden die landschapselementen verloren te gaan. De afstand tussen de resterende drinkpoelen werd te groot, zodat amfibieën geïsoleerd raakten en verdwenen. Knokke-Heist werkt mee aan een project van de provincie West-Vlaanderen om die elementen in het landschap te behouden of opnieuw in te planten.

wezel

veldspitsmuis

Register

dieren

planten, bomen, gewassen

andere

bloeiend lamsoor in het Zwin in augustus; pasteltekening van Rita Teerlinck, het Zwin